中高生からの

日本語の歴史

倉島節尚 Kurashima Tokihisa

★——ちくまプリマー新書

323

目次 ＊ Contents

はじめに

私たちは当然のこととして日本語を使って生活しています。毎日家族や友達と話をしたり、文章を書いたりするのも日本語です。法律も新聞も雑誌も日本語で書かれていますし、議会や学校・会社での議論も日本語で行われます。日本という社会全体が、日本語によって運営・維持されているのです。私たちは日本語を使わずに生活することはできません。でも日常生活の中で、日本語を使っているということを、あまり意識しませんね。

ではその日本語とはどういう言語なのでしょう。どのように成立して、どのような歴史を経て今日の日本語になったのでしょうか。その歴史を考えてみようというのが、本書の目的なのです。

日本語の成立には諸説ありますが、いま私たちが使っている日本語のもとになった形は、およそ二〇〇〇年前の弥生《やよい》時代にはできていたのだろうと考えられています。

日本人の祖先は自分たちの文字を作りませんでした。すべての知識や文化・歴史を口承によって語り伝えたのです。ですから、文字を知らなかった時代の日本語の姿はよく分かりません。

日本は島国であったので、歴史的に見て他民族に征服されたこともなく、他言語ともあまり接触することがありませんでした。

四世紀ころ中国の漢字を受け容《い》れて、文字で言葉を書き記すことができるのだと知りました。しかし、漢字は中国語のための文字なので、すぐには日本語を書き記すことはできませんでした。いろいろ工夫を重ねて日本語を漢字で書き記すようになってからの日本語のことは、かなりわかってきています。

日本語の歴史を考えるのには、さまざまな形で残された記録を調べることから始まります。遠い昔にはあまり多くありませんが、石や金属に彫り込まれた文字が残されています。その後では木や竹の札《ふだ》に書き残された文字があり、さらに紙に記された文字などによって、いつの時代にどんな言葉が使われていたかを知ることになります。時代が下れば、印刷された文献が出てきます。

日本の代表的な古典文学の作品に『万葉集』や『源氏物語』があります。『万葉集』は八世紀後半に成立し、『源氏物語』は一一世紀初頭に書かれました。これらが書かれてから今日まで一〇〇〇年あまりの間に、日本語はどのような変化をしたのでしょうか。

時代を追って日本の社会は変化し、そこに暮らす人々の生活も変化しました。そして言葉にも変化が生まれました。日本語の歴史を考えるうえで、社会の制度や、そこで暮らす人々の生活のようすも考える必要があります。

本書では古代から現代まで、時代とともに日本語がどのように変化してきたのかということを、社会の状態や、生活の様子を考えながら、なるべく具体的な例を挙げて述べるようにしようと思っています。

なお、本書では古典からの引用文で出典を示していないのは、すべて『日本古典文学大系』（岩波書店）によっています。

ところで、日本語の歴史を述べる前に、日本語が世界の言語のなかでどのような存在なのか、そしてどんな特徴を持っているのかということを見ておきたいと思います。

一　世界にはいくつの言語があるか

世界にはいくつの言語があるでしょうか。数え方にもよりますが、およそ四〇〇〇語とも七〇〇〇語以上ともいわれています。

これらの言語はいくつかのグループ（「語族」という）を形成していることが、比較言語学という研究方法で明らかになっています。比較言語学というのは一八世紀のヨーロッパで始まり、類縁関係ではないかと推定される言語を比較して、同じ祖先の言語（祖語という）から分かれたのだということを証明しようとする学問です。

どのようなグループが考えられ、どの言語が属しているかということは、専門家によって異なる説もありますが、主なものを挙げてみましょう。

インド・ヨーロッパ語族＝英語・フランス語・ドイツ語・イタリア語・チェコ語・ロシア語・スペイン語・ポルトガル語・オランダ語・ギリシャ語・ラテン語・サンスクリット・ヒンディー語など
アフロ・アジア語族＝アラビア語・ヘブライ語・エジプト語・エチオピア語など
ウラル語族＝ハンガリー語・フィンランド語など
アルタイ語族＝モンゴル語・トルコ語・ウイグル語・ツングース語など
シナ・チベット語族＝中国語・タイ語・チベット語・ビルマ語など
オーストロアジア語族＝ベトナム語・カンボジア語など

オーストロネシア語族（南島語族）＝マレー語・インドネシア語・ジャワ語・タガログ語・ハワイ語・タヒチ語・トンガ語・フィジー語・台湾先住民諸語など

アメリカ先住民諸語＝北アメリカ・南アメリカの先住民たちの言語

親戚関係であることが証明されていない言語でも、一つにまとめて呼ぶ場合には「諸語」といいます。

この中で最大の語族は、「インド・ヨーロッパ語族」とされています。

二　日本語はどの語族に属するのか

日本語が北方のアルタイ系諸語と音韻（↓三〇頁《ページ》）や文法の構造に類似する点のあることが、早くから指摘されています。

また、南方のオーストロネシア語族にも、基本的な身体用語などに類似するもののあることも指摘されています。

古代の日本語の特徴には、

(1)南方系の言語と語彙《ごい》（↓三八頁）に類似性が見られること

(2)開音節構造（一音が母音だけ、あるいは子音＋母音で成り立っている）であること

など南方系の要素と、

(3)rで始まる単語がないこと

(4)目的語を動詞の前に置くこと

など北方のアルタイ語的な特徴もあわせ持っています。

こうした南方系言語と北方系言語との両方の性質を持っている日本語は、比較言語学の面からも類縁性を証明できる言語が見つかっていません。現在までのところ、日本語は系統的に孤立した言語なのです。

系統不明の言語には、日本語のほかにアイヌ語・バスク語・アンダマン語・ブルシャイスキー語・イヌイット語などがあります。

かつて安田徳太郎がインドのシッキムで話されているレプチャ語が日本語の起源だと述べ、大野晋《すすむ》がインド南部とスリランカで話されているタミル語と同系説を唱えて話題になりましたが、どちらも学界からは批判が多く、受け容れられていません。

三　日本語を話す人は何人いるのか

日本語を話す人には二つのタイプがあります。一つは、生まれたときから家族やまわりの日本人が話すのを聞いて、自然と身についた日本語を話す人です。どの言語でも同様の環境で身についた言語を「母語」といい、それを話す人を母語の話者といいます。もう一つは、別の言語を母語として身につけている人が、新しく日本語を学んで話せるようになった場合などです。

また、日本人でも何らかの事情で外国で生まれ育って、自然にその国の言語を母語として身につけた人にとって、日本語は「母国語」です。日本人のほとんどの人は母語と母国語が一致しています。

では、日本語の母語話者は何人（母語人口）いるでしょうか。世界で母語人口の多い一〇語は次のとおりです。

1、中国語	八億八五〇〇万人
2、英語	四億人
3、スペイン語	三億三二〇〇万人
4、ヒンディー語	二億三六〇〇万人

5、アラビア語　二億人
6、ポルトガル語　一億七五〇〇万人
7、ロシア語　一億七〇〇〇万人
8、ベンガル語　一億六八〇〇万人
9、日本語　一億二五〇〇万人
10、ドイツ語　一億人

（注：ヒンディー語にはウルドゥー語も含む。"The Penguin FACTFINDER 2005"）

統計の取り方によって人口数や順序に多少異なる資料もありますが、いずれにしても、日本語の母語話者数はトップテンにランクされています。

日本語の母語話者のほとんどが、日本列島に住んでいます。国土面積では世界の六一位で、世界四位の中国の約二五分の一という狭い国土に多数の母語話者が集中しているのも、日本語の特徴の一つです。（The World Factbook-CIA）

四　日本語は難しい言語か

かつて日本語は、外国人が習うのには難しい言語だといわれていたことがあります。しかし、今ではどちらかというと習得しやすい言語だといわれています。さて本当に難しいのでしょうか、やさしいのでしょうか。

1　音の数が少ない

言語として発音するとき、もうこれ以上細かく分けることができない最小の単位を「音節」と言います。こういうと難しく感じるかもしれませんが、日本語の場合は、仮名《かな》文字一字が一音節にあたると考えていいでしょう。ただし、「きゃ・きゅ・きょ」などの拗音《ようおん》は、仮名二文字が一音節にあたります。

こうして数えると、日本語の音節は一三〇ほどしかありません。外来語のための「ティ・ディ・ファ・フィ・フェ」などを加えても、それほど多くはなりません。ところが、お隣の韓国語の音節は二〇〇〇ほど、英語の音節は三万以上あると言われています（専門家によって、異なる意見があります）。

発音の面では、日本語は比較的簡単だといえるでしょう。

2　文法が簡単

①　主語の単数・複数は関係ない

英語では、I（私）とwe（私たち）、he（彼）とthey（彼ら）では次に来る動詞が違います。

I am　we are　he is　they are
I have　we have　he has　they have
I go to　we go to　he goes to　they go to

しかし、日本語では、主語が単数でも複数でも文法に影響しません。

②　冠詞がない

英語には冠詞（a, an, the）があって、使い分けなくてはなりません。フランス語にもun, une, la, le, les ほかがあり、ドイツ語にはein, eine, der, die, das ほかがあります。これらの冠詞を次に来る名詞によって使い分けなくてはなりません。しかし、日本語には冠詞がありません。

③　男性名詞・女性名詞などの区別がない

フランス語には女性名詞と男性名詞があり、ドイツ語とロシア語には男性名詞・女性名詞のほかに中性名詞があります。これによって形容詞や動詞の形が異なるので、一つ一つの名詞が男性名詞か女性名詞か、あるいは中性名詞なのか覚える必要があります。
しかし、日本語にはこのような名詞の区別がありません。

これらのほかにも、インド・ヨーロッパ語族の語などには、時間の前後関係（現在・過去・未来など）を表す動詞の組織的な語形変化（時制・テンス）がありますが、日本語は過去を「た」で表すなどごく簡単です。

このように見ると、日本語の文法は、かなり簡単だといってもよさそうです。

3　漢字の読み方が複雑

漢字には音読みと訓読みがあります（↓二七頁）。漢字には音と訓と二つの読み方を持っているものが多いのですが、中には音だけで三つの読み方があり、それ以上に多い訓を持っている字もあります。さらに送り仮名と組み合わせるともっと複雑になります。

読み方の多い例を見てください。

生＝音…セイ、ショウ

訓…い-きる、い-かす、い-ける、う-まれる、う-む、お-う、き、なま、は-える、

はーやす、（なーる、むーす）

明＝音…メイ、ミョウ、（ミン）

訓…あーかす、あーかり、あかーるい、あかーるむ、あかーらむ、あきらか、あーける、あーく、あーくる、（あーき）

（注：「ー」のあとは送りがな。（　）内は常用漢字表では認められていない読み方）

常用漢字表（↓一九五頁）に含まれていない漢字まで考えると、その数は膨大になります。音読み・訓読みのほかに、二字以上の漢字をまとめて訓読みにする熟字訓というのもあります。たとえば、「七夕《たなばた》、昨日《きのう》、紅葉《もみじ》、梅雨《つゆ》、土産《みやげ》、五月雨《さみだれ》、二十歳《はたち》」などです。

このほかに地名（例えば人里《へんぼり》・弟子屈《てしかが》）や人名の特別な読み方を含めると、かなりの数の読み方があることになります。

4　表記法が面倒

日本語を書きあらわすための文字には、漢字・ひらがな・カタカナがあります。ときにはローマ字も使われます。一つの言語を四種類の文字を使って書き表す国は世界でも珍しいでしょう。

カタカナは外来語を書きあらわすときに使われることが多いのですが、「ドカン」「ギャー」など擬音語に使われたり、特に目立たせたい語に使われたりすることもあります。

なお、現代の日本語の書き表し方には、「常用漢字表」「現代仮名遣い」「送り仮名の付け方」（↓一九五―一九七頁）という三つの決まりがあります。「常用漢字表」「現代仮名遣い」「送り仮名の付け方」は、ほとんどの国語辞典に掲載されていますし、インターネットでも容易に検索できますから、そちらを参照してください。

このように見ると、日本語は発音や文法は比較的やさしいが、読み書きに関してはかなり厄介な言語だということになります。

第1章　文字との出会い――奈良時代以前の日本語

三世紀くらいまで、日本列島にはいくつもの小さな国がありました。その中で力のある国がまわりの国を征服して、四世紀には奈良盆地を中心とする大きな勢力が生まれました。これが「大和政権」です。

大和政権が支配する範囲が広がるのに伴って、各地で亡くなった豪族を葬るために、たくさんの大きな古墳が作られたことから、この時代は「古墳時代」とも呼ばれています。

一　金石文

古い記録で現在まで残されているのは、石や金属に彫り込まれたもの（金石文）です。中には一世紀ころの作と考えられているものもありますが、そのほとんどは中国からもたらされ、中国語で書かれた断片的な記録です。

江戸時代に博多湾に浮かぶ志賀島《しかのしま》で発見されたとされる金印（国宝）が有名です。これには、「漢委奴國王」と刻まれています。これは中国の歴史書『後漢書《ごかんじょ》』の建武中元二（五七）

年の条に記述があり、光武帝が倭国《わこく》の使者に与えたもので、その文字は「漢《かん》の委《わ》の奴《な》の国王」と読むことができます。「委《わ》」は倭国つまり日本のことで、「奴《な》」はその中の地区を指していると考えられます。

推古時代（五九二―六二八）の資料は、万葉仮名《まんようがな》（→三五頁《ページ》）による固有名詞がほとんどですが、当時の日本語の姿が多少わかるものがあります。愛媛《えひめ》県松山市にあったとされる道後温泉碑（伊予湯岡碑《いよのゆおかのひ》）も推古時代のもので、碑は早くに失われましたが、そこに刻まれていた碑文が『釈日本紀』などに書きのこされています。

群馬県にある上野三碑《こうずけさんぴ》は、「山上碑《やまのうえひ》」（六八一年）「多胡碑《たごひ》」（七一一年ころ）、「金井沢碑《かないざわひ》」（七二六年）の三つの石碑で、現存する最古の石碑群です。朝鮮半島からの渡来人がもたらしたもので、漢文が刻まれています。これは二〇一七年にユネスコの世界記憶遺産に登録されました。

この時代にはあまり資料がなく、当時の日本語の全貌を知ることはできません。

二　漢字の伝来

日本人の祖先が自分たちの文字を作ったという証拠はありません。古墳などの遺跡から出土した資料などから、多分四世紀ころと考えられていますが、朝鮮半島の百済《くだら》から渡来した人たちから漢字を学んだと考えられています。漢字を受け容れたのは、日本語の歴史の中で最も大きな出来事だと言ってもいいでしょう。

『日本書紀』の応神天皇一五年には、経典を読める阿直岐《あちき》という人物が日本に来て、彼が天皇の求めに応じて王仁《わに》という学者を推薦したことが記されています。

阿直岐、亦能《またよ》く経典《ふみ》を読めり。…是《ここ》に、天皇、阿直岐に問ひて曰《のたま》はく、「如《も》し汝《いまし》に勝《まさ》れる博士《ふみよみひと》、亦有《あ》りや」とのたまふ。対《こた》へて曰《まう》さく、「王仁《わに》といふ者《ひと》有り。是秀《これすぐ》れたり」とまうす。

阿直岐はまた経典もよく読むことができた。天皇が阿直岐に「おまえよりも優れた学者がいるか」とお尋ねになった。阿直岐は「王仁という優れた者がおります」と答えた。

これを聞いて天皇は家臣を百済に派遣して王仁を招いたとあります。また『古事記』には、和邇吉師《わにきし》（王仁）が論語一〇巻と千字文一巻を携えて渡来し、天皇に献上したと記されています。これらをそのまま歴史上の事実と考えるわけにはいきませんが、ある時期にまとまった量の漢字が日本に伝えられたことは事実です。

日本人は文字というものによって言葉を記録することを知り、それからは貴族の子弟や知識階級の人たちが、漢字・漢文の読み書きを学ぶようになりました。

漢字は中国語を書き表すための文字ですから、漢字・漢文を学ぶことは、中国語を学ぶことでもありました。

三　漢字に音と訓が定着する

漢字・漢文を習い始めたころは、漢字は中国語の発音で読んでいたと考えられます。しかし、中国語の発音は複雑で、そのまま日本語に取り入れることはできませんでした。それでも次第に、日本語の発音と馴染《なじ》むような「音」が漢字に定着していきました。これが漢字の「音（読み）」です。

また、漢文を日本語に翻訳することを学ぶうちに、漢字の意味と対応する日本語が漢字に結び付き、これが漢字の「訓（読み）」として定着するようになりました。

中国では地域によって発音が異なり、時代とともに変化しました。それに伴って、日本でも伝えられた時代によって異なる音が漢字に結びつき、新しく入ってきた音も古い音と同時につかわれていました。その音は、「呉音」「漢音」「唐音」と分類されています。

呉音＝奈良時代までに朝鮮半島経由で伝えられた、中国南方系の音に基づくもの。

漢音＝奈良時代から平安時代初期にかけて伝えられた、長安（現在の西安）など中国中部の音に基づくもの。平安時代には正音とも呼ばれて、多く官庁や学者に使用されていた。

唐音＝平安時代中期から江戸時代までに中国商人や鎌倉時代の禅僧によって伝えられた音の総称。唐宋《とうそう》音ともいう。

	呉音	漢音	唐音
行＝	ギョウ（行事）	コウ（行動）	アン（行脚）
明＝	ミョウ（光明）	メイ（明白）	ミン（明朝）

四　古代、ハ行音はパ行音だった？

奈良時代以前の日本語の発音はよくわかっていません。その中で興味ある説があります。現在「ハ・ヒ・フ・ヘ・ホ」と発音されている音は、はるか昔には違う音であったという説を、上田《うえだ》万年《かずとし》（一八六七―一九三七）という学者が「P音考」という論文で発表しているのです。その説によると、現在の「ハ・ヒ・フ・ヘ・ホ」はさかのぼると「ファ・フィ・

フ・フェ・フォ」と発音されており、さらにさかのぼると「パ・ピ・プ・ペ・ポ」と発音されていたのだと述べています。

これと関連したことが、室町時代の『後奈良院御撰何曽《ごならいんぎょせんなぞ》』という本のなかに書かれています。そこには「母には二たびあひたれども、父には一度もあはず」という謎があって、その答えが「くちびる」と記されています。「母」には唇が二度触れたといっていますので、当時は「ファファ」と発音していたことがうかがえます。

第2章　知識人たちの言葉——奈良時代の日本語

七一〇年、新しい都として奈良に平城京が造営されました。七八四年に長岡京に遷都するまで、政治の中心であり、この七〇年ほどを奈良時代といい、中国の唐の文化を取り入れて、天平文化の中心地として大いに栄えました。

当時の日本語は、大部分が奈良を中心とした地域の言葉でした。

現在まで伝わっている書物は、貴族・高級官吏・僧侶などと、それらの人々と接することのあった下級官吏や写経生など識字階級（読み書きのできる人たち）が書き記したものです。

一 【音韻】幻のルールに満ちた時代

「音韻」とは、実際の発音に対して、言語学的な分析に基づく抽象的な言語音のことです。

1 開音節構造だった

奈良時代の日本語には、母音だけの音（ア・イ・ウ・エ・オ）と子音に母音が結びついた音（五十音のうちア・イ・ウ・エ・オ以外の音）の二種類しかありませんでした。すべての音が母音を伴っており、これを「開音節」といいます。これに対して、子音で終わる音を「閉音節」といいます。日本語には閉音節はありませんでした。

現代では、跳ねる音「ン」（撥音《はつおん》）、小さい「ッ」であらわす詰まる音（促音）、や、「キャ・キュ・キョ・シャ・シュ・ショ」など拗音《ようおん》がありますが、これらは平安時代以降に生まれた音です。

撥音や促音のなかった奈良時代の日本語の発音は、かなり徹底した開音節構造であったといえます。

2　音の並び方に決まりがあった

単語の最初の音（頭音）には次のような決まりがありました。

①母音だけの音節は、語頭以外には立たない。つまり語中・語尾に単独の母音はない。
②濁音は語頭に立たない。
③ラ行音は語頭に立たない。

これを「頭音法則」といいます。

①の法則にあるように、母音だけの音節は語頭だけにしか置けません。そこへ、語頭に母音音節のある語を繋《つな》いで複合語を構成するときに、

「わが waga」＋「いも imo」の場合は「わぎも wagimo」

と、連続する母音の一方をはずしたり、

「なが naga」＋「いき iki」は「なげき gageki」

のように連続する二母音を別の母音に変化させたりしました。

現代では「抱《だ》く」「だれ」「出す」など濁音が語頭に来る語がありますが、これらは古語では「むだく」「たれ」「いだす」でした。

助動詞に「る」「らし」など、助詞に「ろ」などがありますが、助動詞も助詞も単独で用いられることはないので、この法則③に反するわけではありません。

3　母音と子音

言語として発音される音には「母音」と「子音」とがあります。「母音」と「子音」については英語の時間でも習ったことと思いますが、念のためここでも述べておきます。

口を開けてアーというと母音のア［a］となります。そのまま口の形を変えると、イ

［i］・ウ［u］・エ［e］・オ［o］になります。これらが母音です。声帯を振動させてできた音が、どこにも邪魔されずに外に出される音です。

くちびるを閉じて鼻から息を出しながらくちびるをぱっとあけてアというとマ［ma］になります。同じようにして口の形を変えるとミ［mi］・ム［mu］・メ［me］・モ［mo］になります。この［m］の部分を子音といいます。

子音には声帯を振動させない無声子音と、声帯を振動させる有声子音とがあります。日本語の無声子音は［k］［s］［t］［h］［p］などがあり、有声子音には［g］［z］［d］［b］［n］［m］［y］［r］［w］などがあります。有声子音はどれもくちびる・舌・のどなど息の通るどこかで邪魔をされて発音されます。

英語ではspringのように子音が並ぶことは珍しくありませんが、日本語では子音が並ぶことはありませんでしたし、現在でもありません。

4　現代にはない音があった――「上代特殊仮名遣《かなづかい》」の発見

万葉仮名《まんようがな》の研究によって、万葉集が作られた八世紀ころには、現代ではなくなってしまった音があったことがわかりました。

『古事記』『日本書紀』『万葉集』に万葉仮名で書かれた日本語を詳しく調べたところ、思いがけないことがわかったのです。なんと八世紀ころには、現代ではなくなってしまった音があったことが明らかになったのです。

例えばキの仮名でいえば、「支・伎・岐・吉・企・金・枳・寸・来」などのグループと、「幾・忌・紀・奇・帰・木・城」などのグループがあります。「あき（秋）・きみ（君）・きる（着る）」などの語では必ず前のグループの文字を使い、「き（木）・つき（月）・きり（霧）」などの語では必ず後のグループの文字を使って整然と書き分けられていて、決して混同することがないのです。この二つのグループを、甲類と乙類と呼び分けています。

同じことが、キ・ヒ・ミ・ケ・ヘ・メ・コ・ソ・ト・ノ・モ・ヨ・ロとその濁音ギ・ビ・ゲ・ベ・ゴ・ゾ・ドの二〇の音（モは『古事記』だけ）にあることが明らかになっています。また、ア行のエとヤ行のエにも区別がありました。

これは初め仮名遣いの問題と考えられて「上代特殊仮名遣」と呼ばれていますが、実際は奈良時代ごろにおける発音を反映しているものとみられます。

どうしてこのような区別がなされたのかということについてはいくつもの説が出されていて、母音が関係しているのではないかと考えられています。現在日本語の母音はア・イ・

ウ・エ・オの五つですが、これら二〇の音が五十音図（↓七九頁《ページ》）のイ段・エ段・オ段にあることから、母音イ・エ・オにもう一つ違う母音のイ｜・エ｜・オ｜があったのではないかという八母音説が出されています。（学者によって異なる説もあります）

失われた母音のイ｜・エ｜・オ｜がどのような音であったかは、いまだ明らかではありません。

二 【表記】万葉仮名の工夫

1 万葉仮名

漢字・漢文の読み書きを学んだ者も、漢文では思うことを自由に書き表すことができないので、なんとかして日本語で文章を書きたいと思うようになりました。そこで工夫されたのが「万葉仮名」と呼ばれる方法です。

漢字には意味がありますが、万葉仮名は漢字の意味とは関係なく、漢字の音と訓を使って日本語を書き表す方法です。

漢字の音を使うものを「音仮名」といい、訓を使うものを「訓仮名」といいます。例えば、「ひと（人）」を「比登」と書くのは二字とも音を使った音仮名、「かきつばた（杜若）」を「垣津旗」と書くのは三字とも訓を使った訓仮名です。

「波流（春）」「奈都（夏）」「安伎（秋）」「布由（冬）」「也末・夜麻（山）」「可波・加波（川）」などと書き、「己許呂（心）」「佐久良（桜）」「八間跡（大和《やまと》）」「夏樫（懐かし）」など、さまざまな書き方があります。

次の歌は音仮名だけで書かれている例です。

烏梅能波奈《うめのはな》　伊麻佐可利奈理《いまさかりなり》　意母布度知《おもふどち》　加射之尒斯弖奈《かざしにしてな》　伊麻佐可利奈理《いまさかりなり》

梅の花が今盛りである　心の合った者同士　挿頭《かざし》（髪飾り）にしよう　今梅の花が盛りである

（万葉集　八二〇）

2　『万葉集』の言葉遊び——戯訓《ぎくん》

漢字の音と訓をつかう以外に、なぞなぞや言葉遊びのような書き方もありました。漢字の音や意味あるいは漢字の形などを巧みに利用しています。

九九を使った次のような例があります。

十六　しし　（四×四＝一六から）

朝獦尒《あさかりに》　十六《しし》履起之《ふみおこし》

（万葉集　九二六）

朝の狩りに　しし（獣）をふみたて

八十一　くく（九×九＝八一から）

高北之《たかきたの》　八十一《くく》隣之《りの》宮尓《みやに》　（万葉集　三二四二）

高北の　くくりの宮に

二二　し（二×二＝四から）

君者《きみは》聞之《きこし》二二《しし》と　勿恋吾妹《なこひそわぎも》　（万葉集　三三一八）

わが君はおっしゃった　恋しく思うな吾妹よと

三五　もち（十五夜は望月《もちづき》＝満月なので）

三五《もち》月之《づきの》　益目頬染《いやめづらしみ》　（万葉集　一九六）

満月のように　いよいよ見たく称えたく

すでにこのころ、九九が知られていたのですね。

「山上復有山」を「出《い》で」と読ませる歌があります。「出」という字を上下に分解したのです。

…毎見《みるごとに》　恋者《こひは》雖益《まされど》　色二《いろに》山上復有山《いで》者《ば》　一可知美《ひとしりぬべみ》…　（万葉集　一七八七）

…見るごとに　妹恋しさはまさるけれども　顔に出せば人が知るであろうから…

さて次の歌にある「馬声蜂音石花蜘蟵荒鹿」は何と読むのでしょうか。

垂乳《たらち》根《ね》之《の》　母我《ははが》養蚕乃《かふこの》　眉隠《まよこもり》　馬声蜂音石花蜘蟵荒鹿　異《い》母《も》二《に》不相《あはず》而《して》　（万葉集　二九九一）

これは「いぶせくもあるか（気が晴れ晴れしない）」と読まれています。

「馬声」は馬の鳴き声。当時の人はイインと聞いていたようです。「蜂音」はブーンという蜂の羽音。「石花」は海にすむ甲殻類のカメノテのことで昔の呼び名は「せ」でした。「蜘《く》蟵《も》」は虫のクモ。「荒鹿」は訓読みで「あるか」。

歌の意味は、「母が飼っているカイコが繭に籠るように心持が晴れないことである、妹に会う折がなくて」です。

三　【語彙】短かった名詞

「語彙《ごい》」とは、定められた範囲で用いられる単語の総体のことです。日本語の語彙と言えば、日本語の単語全体を指します。また個人に限れば近松門左衛門の語彙、夏目漱石《そうせき》の語彙などその人が使った単語の全体を表します。

したがって、奈良時代の語彙と言えば、奈良時代に用いられた単語の全体を意味します。

1 和語

奈良時代の文献の多くは漢文で書かれていますが、その中には歌謡や和歌など日本語で書かれたものもあります。

日本語で書かれた部分に現れる語は、およそ二万語と見られます（『時代別国語大辞典 上代編』三省堂）。そのほとんどは日本古来の和語で、名詞が多く、複合語もあります。複合語は別にして、単独の名詞の多くは一音節や二音節の語が多く、三音節以上の語はあまり多くなかったことがわかります。

奈良時代の和語にはラ・リ・ル・レ・ロで始まる単語や、濁音で始まる単語がありませんでした（↓三一頁）。

2 漢語

奈良時代にはあまり多くはないが、漢語も使われていました。『万葉集』のなかには漢語と判断される語があります。よく例に引かれる歌に、

一二《いちに》之《の》目《め》　耳不有《のみにはあらず》　五《ご》六《ろく》三《さむ》　四《し》佐《さ》倍《へ》有来《ありけり》　双六《すぐろく》之《の》佐《さ》叡《え》（『萬葉集 本文篇』塙書房）

（万葉集 三八二七）

（人間の目は）一つ二つなのにさいころの目は一二三四五六までもある（のは面白い）

「いち・に・ご・ろく・さむ・し」と「すぐろく」「さえ」は音読みの漢語です。この歌は訓で読むという説もあります。

そのほかに仏教用語（布施《ふせ》・香・餓鬼《がき》ほか）その他の漢語がいくつか使われています。天皇の命令を伝える文書の宣命《せんみょう》にも、いくつか漢語が見られます。いずれにしても、漢語は一般の人が耳で聞いても理解しかねたでしょうから、知識人だけが使用したのではないでしょうか。

なお、「うま」「うめ」は「馬」「梅」の字音「マ」「メ」に由来する語ですが、『万葉集』の歌に数多く詠み込まれています。当時すでにこれが外来語であるという意識が薄れていたものと思われます。

3　歌語

日常語として「つる（鶴）」「かへる（蛙）」がありましたが、和歌に詠むときには「たづ」「かはづ」が用いられました。和歌に用いる語という意識があったものと思われます。

4　男性・女性の語

『万葉集』にはしばしば「きみ（君）」という語が使われていますが、そのほとんどが、女性から男性を呼ぶ場合です。

また、男性が妻や恋人をいう場合は、「わぎも（我妹）」「わぎもこ（我妹子）」が用いられました。

5　方言

『万葉集』には東歌《あずまうた》と呼ばれる東国地方（近畿より東の北陸・北海道を除く諸国）の方言で詠まれた和歌があります。また、防人《さきもり》（大陸からの侵入を防ぐ目的で、九州北部の沿岸や、壱岐《いき》・対馬《つしま》などに派遣された兵士）の歌にも東国の方言が見られます。

「にの（尓努）＝ぬの（布）」（万葉集　三三五一）

「あぜ（阿是）＝なぜ（何故）」（万葉集　三四六九）

「かご（加其）＝かげ（影）」（万葉集　四三二二）

「けとば（気等婆）＝ことば（言葉）」（万葉集　四三四六）

四 【文章・文体】書物編纂がさかんに

奈良時代の文献はどれも漢字だけで書かれています。いずれも漢文ですが、正規の漢文で書かれたものと、日本語の表現が混じった漢文とがあります。漢字・漢文を習い覚えた日本人が書いた漢文には、日本語の語順になったり、敬語表現がなされたりと、日本語的な表現が入ったものがあります。こういう漢文を「和化漢文」（変体漢文とも）といいます。

1 歴史書や歌集が作られた

八世紀には、代表的な作品として、『古事記』『日本書紀』『万葉集』などが作られました。

①『古事記』　三巻

七一二（和銅五）年に成立した、現存する最古の歴史書です。

全体は和化漢文で書かれていますが、歌謡・和歌や固有名詞は万葉仮名による日本語で書かれています。

②『日本書紀』　三〇巻

七二〇（養老四）年に成立した勅撰《ちょくせん》（天皇の命令で作られた）の正史として作られた歴史書

です。

漢文で記述されていますが、和歌などは万葉仮名による日本語で書かれています。

③ **『万葉集』** 二〇巻

八世紀後半に成立した歌集です。

この歌集には、身分や階層に関係なく、天皇や貴族から防人の兵士や庶民たちまでの歌四五〇〇余首が収められている、世界でもまれな歌集です。和歌はすべて万葉仮名による日本語で書かれています。

多くは朝廷のあった奈良地方の貴族の言葉で、歌語（和歌に用いられる言葉）が多いのですが、東歌や防人歌には方言も見られます。

また、和歌の修辞法である「枕詞《まくらことば》」が使われています。

2 枕詞

枕詞とは、和歌や和文のなかで、特定の語句の前において、修飾したり調子を整えたりする語句です。枕詞にはどの語句に付くという決まりがあって、自由に使うことはできませんし、勝手に作ることもできませんでした。

枕詞の主なものと、その枕詞がつく語を挙げておきます。

あかねさす（茜さす）…………①日《ひ》、昼、紫
②君（天皇・主君・あなたの意）

あしひきの（足引きの）…………山、峰《を》

あづさゆみ（梓弓）…………射る、張る、引く、寄る、矢、音

あらたまの（新玉の）…………年、月、日、春

あをによし（青丹よし）…………①奈良　②国内《くぬち》

からころも（唐衣・韓衣）……着る、裁《た》つ、縫う、織る

くさまくら（草枕）…………旅、夕《ゆふ》

しろたへの（白妙の）…………①衣《ころも》、袖《そで》、紐《ひも》、袂《たもと》
②雪、雲、波、富士、羽《はね》

たまのをの（玉の緒《を》の）…………長し、短し、絶ゆ、乱る、継ぐ、惜し

たらちねの（垂乳根の）…………母、親

ちはやぶる（千早振る）…………①神、わが大君、社《やしろ》
②宇治、氏《うじ》

ぬばたまの（射干玉の）………①黒、夜、夕
②月、夢
ひさかたの（久方の）…………天《あめ・あま》、雨、月、雲、光、都《みやこ》
ももしきの（百敷の）…………大宮、内

次の歌は、枕詞「ひさかたの」が使われている例です。

ひさかたの　天の香具山　このゆふべ　霞《かすみ》たなびく　春立つらしも　（万葉集　一八一二）

天の香具山にこの夕方霞がたなびいている、春になったらしいよ

3　『万葉集』にはいろいろなタイプの歌がある

お祝いの歌や自然を詠んだ歌、悼む歌、相聞歌（恋愛や親愛の情を詠んだ歌）が多く見られますが、日常的な状景の歌もあります。

茜草指《あかねさす》　武良前野逝《むらさきのゆき》　標野行《しめのゆき》　野守者不レ見哉《のもりはみずや》　君之袖布流《きみがそでふる》　（万葉集　二〇）

紫草の生えている御料地の野をあちらに行きこちらに行きして、野守が見ないでしょうか、
あなたはそんなに袖をお振りになって

男性がしきりに女性に袖を振っているのを、女性は野守に見られないかと気をもんでいる

様子です。

憶良等者《おくららは》　今者将罷《いまはまからむ》　子将哭《こなくらむ》　其被母毛《そをおふははも》　吾乎将待曽《わをまつらむそ》

（万葉集　三三七）

私憶良はもう退出いたしましょう、子どもも泣いているでしょうし、その子を負っている母（つまり妻）も私を待っているでしょう

これは日常的な行為をそのままに詠んだ歌です。山上憶良は遣唐使に選ばれたこともある貴族・歌人で、弱者にやさしい目を向けた歌を多く詠んでいます。

大伴家持《おおとものやかもち》は友人に、

石麿尓《いしまろに》　吾物申《われものまをす》　夏瘦尓《なつやせに》　吉跡云物曽《よしといふものそ》　武奈伎取喫《むなぎとりめせ》

（万葉集　三八五三）

石麻呂に私から言うことがあるよ、夏瘦せにききめがあるということだから鰻《うなぎ》をとって食べなさいよ

という歌を詠んでいます。「むなぎ」はウナギです。石麻呂が夏瘦せをしたというので、身体に良いそうだから鰻をとって食べなさいよと言っているのです。ちょっとからかい気味で、友だちに送ったメールのような歌ですね。

4　諸国の風土記《ふどき》が作られた

風土記は、七一三年の元明天皇の詔《みことのり》により、諸国で編纂《へんさん》された官撰《かんせん》の地誌です。郡名の由来・伝承・産物・土地の状態などを各国庁が撰進しました。

現存するのは、出雲《いずも》・常陸《ひたち》・播磨《はりま》・豊後《ぶんご》・肥前《ひぜん》の五カ国のもので、完本は『出雲国風土記』だけです。他に約三〇国の風土記の一部分が伝存しています。

文体は日本語風の表現を交えた漢文体で書かれています。

後世に作られた風土記の類と区別して、「古風土記」ともいいます。

第3章　貴族文化が花開く――平安時代の日本語

平安時代は、都《みやこ》が今の京都（平安京）に移った（平安遷都）七九四年から一二世紀末の鎌倉幕府成立までのおよそ四〇〇年間です。

この時代は、天皇を中心にした貴族社会であったといっていいでしょう。

中国の唐の影響を強く受けていました。京都は、唐の都の長安（今の西安）を手本にして、北に御所を置き、東西と南北に碁盤の目のように道を通し、整然とした都市計画がなされたのも、その一例です。

やがてその平安京にも日本風の文化が発達しました。

この時代には仮名文字ができて、日本語を自由に書き表すことができるようになり、和歌集・日記・物語・随筆など数多くの作品が生まれました。また、字書・辞書や学問的な文献も残されており、当時の日本語を知る手掛かりとなっています。

なお、研究者によっては、平安時代の後期、院政が始まった一一世紀の末から中世《ちゅうせい》とする考え方もあります。

一 【性格】京都の貴族の言葉

平安時代には文学作品や学問的な書物が著され、そこに平安時代人の言葉が見られます。しかし、それらの作品は、貴族や知識階級の人たち、あるいはそういう人々と接することの多い人たちの言葉で書かれていて、一般庶民の言葉はほとんど出てきません。

また、京都の言葉が中央の言葉としての地位を占め、地方の言葉とはかなり隔たりがありました。『源氏物語』には、

（常陸介《ひたちのすけ》八）若うより、さる東《あづま》の方の、遥《はる》かなる世界に埋もれて、年経《へ》ければにや、声などほとほとうちゆがみぬべく、物うちいふ、少しだみたるやうにて、…（東屋）

と書かれており、その従者たちも、

賤《いや》しき東声《あづまごゑ》したる者ばかりのみ出で入り、…（東屋）

と書かれて、東国地方の言葉を卑しめています。

また、肥後《ひご》（今の熊本県）の武士の大夫《たいふ》の監《げん》も、

言葉ぞいとだみたる（玉鬘《たまかずら》）

と肥後弁で「だみたり」（訛《なま》っている）と書かれているところを見ると、九州地方の言葉も京

都の言葉とは違っていると受け止められていたのでしょう。

二 【音韻】ファ行の消滅

平安時代の初期のころの日本語は、奈良時代の日本語を受け継いでいましたが、次第にその特徴が薄れ、上代特殊仮名遣《かなづかい》は崩壊しました。奈良時代にあった、別の母音イ・エ・オが無くなり、現代と同じ五母音になりました。ただ、コだけはしばらくは区別が維持され、ア行のエとヤ行のエの区別も一〇世紀の半ばごろまでは残っていたようです。

1 ハ行の発音が変わった――「ハ行転呼」の発生

ハ行音にも変化が起きました。

平安時代の初めころはファ・フィ・フ・フェ・フォに近く、「花」はファナ、「川」はカファに近い音でした。仮名では「はな」「かは」と書かれています。平安時代中ごろになると、「はな」はハナですが「かは」がカワと発音されるように変わっていったのです。

単語の語頭以外のところのハ行音がワ行音のワ・イ・ウ・エ・オに発音されるように変化し、これを「ハ行転呼」といいます。「まひ（舞）」がマイ、「やへ（八重）」がヤエ、「おもふ（思ふ）」がオモウ、「かほ（顔）」がカオと発音されるようになりました。

2　仮名遣いの混乱

発音の変化によって「は」という仮名はハとワという二つの音に対応するようになり、また逆にワという音には「は」と「わ」と二つの仮名が対応するようになってしまったのです。このために「は」と「わ」の仮名の使い方が混乱してしまい、どのように使い分けたらよいのかということが問題になりました。

同様のことが「ひ／い／ゐ」「ふ／う」「ほ／お／を」でも起きたのです。さらに「え」と「ゑ」の混同も生じました。

仮名遣いの混乱については、鎌倉時代初期に活躍した学者藤原定家が意見を述べています。

（→八七頁《ページ》）

三　【表記】ひらがな・カタカナの発明

1　仮名文字の発明

貴族や知識階級の人たちは、漢字・漢文の知識を身につけていました。その一方で、日本語を書き表しやすいように、音だけを表す仮名文字を作りました。仮名文字にはひらがなとカタカナがあります。

ひらがなは、万葉仮名《まんようがな》の漢字全体をくずし書きにした「草仮名《そうがな》」から形を整えられて生まれ、カタカナは漢字の一部分から作られました。

カタカナは経典や漢文の読解にあたって、行間に書き込むためにごく小さな文字が求められ、漢字の一部分を使ったことから生まれました。

ひらがなの字源表

あ 安	い 以	う 宇	え 衣	お 於	
か 加	き 幾	く 久	け 計	こ 己	
さ 左	し 之	す 寸	せ 世	そ 曽	
た 太	ち 知	つ 川	て 天	と 止	
な 奈	に 仁	ぬ 奴	ね 禰	の 乃	
は 波	ひ 比	ふ 不	へ 部	ほ 保	

ま末	み美	む武	め女	も毛	
や也		ゆ由		よ与	
ら良	り利	る留	れ礼	ろ呂	
わ和	ゐ為		ゑ恵	を遠	ん无

カタカナの字源表　（　）内は省略の仕方

ア阿（偏から）	イ伊（偏から）	ウ宇（冠から）	エ江（旁《つくり》から）	オ於（偏から）
カ加（偏から）	キ幾（草体から）	ク久（初二画から）	ケ介（初三画から）	コ己（初二画から）
サ散（初三画から）	シ之（全画）	ス須（終三画から）	セ世（全画）	ソ曽（初二画から）
タ多（終三画から）	チ千（全画）	ツ州（中三点から）	テ天（初三画から）	ト止（初二画から）
ナ奈（初二画から）	ニ二（全画）	ヌ奴（旁から）	ネ祢（偏から）	ノ乃（初画から）
ハ八（全画）	ヒ比（旁から）	フ不（初二画から）	ヘ部（旁から）	ホ保（終四画から）

マ末（初二画から）	ミ三（全画）	ム牟（初二画から）	メ女（終二画から）	モ毛（終三画から）
ヤ也（全画）		ユ由（終二画から）		ヨ与（下半部から）
ラ良（初二画から）	リ利（旁から）	ル流（終二画から）	レ礼（旁から）	ロ呂（初三画から）
ワ和（旁から）	ヰ井（全画）		ヱ恵（下半分から）	ヲ乎（初三画から）

（沖森卓也『日本語全史』によって作成）

当時女性は、漢字・漢文を学ばないのが普通でしたから、女性が漢字を書くことはありませんでした。ひらがなは線が美しく、女性が好んで使ったので、「女文字」あるいは「女手《おんなで》」とも呼ばれました。

これに対して、男性には漢字の読み書きの知識は必須の教養でしたので、漢字は「男手《おとこで》」といわれました。しかし、男性も和歌や女性に送る手紙は、ひらがなで書きました。

女性でも、漢字・漢文の素養のある人がいたようです。

清少納言《せいしょうなごん》は『枕草子《まくらのそうし》』のなかで、「香炉峰の雪は簾《すだれ》を撥《かか》げて見る」という中国の白居易《はくきょい》の作った漢詩を知っていたことがわかる話が書かれています。

紫式部《むらさきしきぶ》は『紫式部日記』のなかで、清少納言を「漢字なんか書いて」と非難していますが、自身も女房たちが「なんだって女なのに真字書《まなぶみ》（漢文の本）を読むのだろう」と陰口を言っている様子が書かれていますから、漢文が読めたわけです。

また、勤子内親王《きんしないしんのう》は漢語辞書の編纂《へんさん》を求めています。

こうしたことから、教養のある女性は、漢字・漢文の知識があったことがうかがわれます。

2 濁音専用の仮名文字がなかった

ひらがなにもカタカナにも、濁音を表す専用の文字がありません。なぜ濁音のための仮名文字を作らなかったのでしょうか。もちろん平安時代の発音には濁音がありました。学問的な書物には、濁音であることを示す記号が記されています。しかし、文学作品にも手紙や和歌などにも、濁音の指示がありません。

濁音も清音も同じ口の形で発音され、語と語が結びつくと、もとは清音だったところが濁音で発音される「連濁《れんだく》」（→一〇三頁）という現象があります。例えば、「やま」と「さくら」が結びつくと「やまざくら」のように「さ」が「ざ」と発音されます。このような現象があるので、平安時代の人は現代のように、清音と濁音を全く異なる音だと、明確に区別して意識してはいなかったのではないかとも考えられます。

いずれにしても平安時代の人には、文章の中で濁音仮名がなくても、また濁音の指示がなくても、文脈にそって理解し、不自由ではなかったものと思われます。

現代では濁音であることを示すために、清音の仮名「さ」「た」「は」など仮名文字の右肩に二つの点「゛」(濁点)をうって「が」「ざ」「ば」などと書きます。このように仮名文字に濁点をうって濁音であることを示す方法が普通の文章で用いられるようになったのは、江戸時代以降のことでした。公式の文章では、濁点をうたないで書くことが明治時代まで続きました。

3 仮名文学の花開く

仮名文字は音だけを表します。したがって、仮名文字を組み合わせれば、日本語を自由に書き表すことができます。漢文では思うように表現できずにもどかしく思っていたことが、仮名文字を創り出したことで解消されたのです。

平安時代には『竹取物語』をはじめとして、『伊勢《いせ》物語』『宇津保物語』『源氏物語』などの物語類や、『土佐日記』『蜻蛉《かげろう》日記』『紫式部日記』『和泉《いずみ》式部日記』『更級《さらしな》日記』などの日記文学、また随筆の『枕草子』など、天皇や貴族を取り巻く世界を舞台にした数々の作品

（王朝文学）が生まれました。これらは主に仮名で書かれているので、仮名文学ともいわれます。その頂点に立つのが『源氏物語』で、世界で最初の長編小説です。

平安時代にこのような作品が書かれたのも、仮名文字の発明によるところが大きいと考えられます。次に代表的な作品の一節を紹介します。

①『竹取物語』

『竹取物語』は平安時代初期の作品で、作者は不明ですが、仮名で書かれた現存最古の物語です。竹取の翁《おきな》が竹の中で見つけたかぐや姫の成長と、五人の貴公子と帝《みかど》の求婚、そしてかぐや姫が月に帰って行くまでを描いています。

この物語の最初の部分を見てみましょう。

いまは昔、竹取の翁といふもの有りけり。野山にまじりて竹を取りつゝ、よろずの事に使ひけり。名をば、さかきの造《みやつこ》となむいひける。その竹の中に、もと光る竹なむ一筋ありける。あやしがりて寄りて見るに、筒の中光りたり。それを見れば、三寸ばかりなる人、いとうつくしうてゐたり。

特に古典の勉強をしていなくても、かなりの部分は理解できるでしょう。「あやしがりて」は「不思議に思って」、「うつくしうて」は「小さくかわいらしく」、「ゐたり」は「すわっていた」ということがわかれば、容易に全体が理解できることと思います。

② **『土佐日記』**一巻

仮名日記として最初の作品。九三五年ころに成立。紀貫之《きのつらゆき》が女性として書いており、次のように書き始めています。

をとこもすなる日記《にき》といふものを、をむなもしてみんとてするなり。

③ **『源氏物語』五四帖《じょう》**

平安時代の代表的な文学作品『源氏物語』は、一一世紀の初めのころに紫式部によって書かれました。紫式部の本名はわかっていません。藤原為時という下級貴族で歌人であった人の娘で、一条天皇の中宮彰子《しょうし》（上東門院）に仕えました。

物語の前半は光源氏。後半は薫大将《かおるのたいしょう》・匂宮《におうのみや》を中心に、恋愛、苦悩、栄華と没落、政治的権力争いなど、平安時代の貴族社会が描かれています。

『源氏物語』が書かれてから現在までに一〇〇〇年が過ぎました。この間に日本語はどのように変化したでしょうか。『源氏物語』の最初の巻「桐壺《きりつぼ》」の冒頭と、一九五九（昭和三四）年に出版された谷崎潤一郎訳『源氏物語』とを比べてみましょう。

いづれの御時《とき》にか。女御《にょうご》・更衣《かうい》あまたさぶらひ給《たま》ひけるなかに、いと、やむごとなき際《きは》にはあらぬが、すぐれて時《とき》めき給ふありけり。

いつの御代《みよ》のことでしたか、女御や更衣が大勢伺候《しこう》しておられました中に、格別重い身分ではなくて、誰方《どなた》よりも時めいてをられる方がありました。

（『潤一郎譯源氏物語　巻一』新書版）

現代では使われなくなった言葉もありますが、現在の私たちにもある程度は理解できる日本語で書かれていることがわかります。

④ **『枕草子』**三巻

一〇世紀末から一一世紀初頭に、清少納言によって書かれた随筆です。清少納言の本名はわかっていません。官位は低かったが歌人として名のあった清原元輔《もとすけ》の娘で、一条天皇の中宮定子《ていし》に仕えた作者の、宮廷生活の回想や見聞きしたこと、また自然・人生などに関する随想などを、約三〇〇の章段に書き綴《つづ》ったものです。『源氏物語』と共に王朝女流文学の双璧とされています。

その最初の段の書き出しを見てみましょう。

春はあけぼの。やうやうしろくなり行く、山ぎはすこしあかりて、むらさきだちたる雲のほそくたなびきたる。
夏はよる。月の頃はさらなり、やみもなほ、ほたるの多く飛びちがひたる。また、ただひとつふたつなど、ほのかにうちひかりて行くもをかし。雨など降るもをかし。

このあと「秋は…」「冬は…」と続きます。この冒頭部分では「をかし」が「趣がある。風流だ」という意味だと分かれば、全体を理解するのはそれほど難しいことではないでしょう。

仮名文学はほとんど和語（古来からの日本固有の語）で書かれており、漢語はあまり使われていません。

こうして比べてみると、日本語には一〇〇〇年経っても、全く分からなくなるほどの大きな変化はなかったといえます。

また、いくつもの和歌集も作られました。特に『古今和歌集』（九〇五年）は、天皇の命令で編まれた歌集で「勅撰《ちょくせん》和歌集」といいます。『古今和歌集』から『新古今和歌集』までの勅撰和歌集八集をまとめて「八代集」と呼ぶことがあります。勅撰和歌集は室町時代までに二一集作られました。

4　漢文体の作品『今昔《こんじやく》物語集』

仮名による文学作品が盛んに書かれましたが、漢文体の作品もありました。一二世紀初めころにできたとされる『今昔物語集』三一巻（うち二八巻が伝存）は、一千余の説話を収めた最大の説話集です。編者は不明。全体は天竺《てんじく》（インド）・震旦《しんたん》（中国）・本朝（日本）の三部で構成されています。

平安時代の仮名文学は優美な和文体で書かれていますが、『今昔物語集』は、漢字カタカナ交じりの簡潔な文体で書かれていて、次の時代に発達する和漢混交文の先駆けとなっています。

其《ソノ》大饗《ダイキヤウ》ノ下《オロシ》、侍共《サブラヒドモ》ノ食《クラヒ》ケル中ニ、此《コノ》五位、其《ソノ》座ニテ、暑預粥《イモガユ》ヲ飲《ノミ》テ、舌打《ウチ》ヲシテ、「哀レ、何《イ》カデ暑預粥ニ飽《ア》カム」ト云《イヒ》ケレバ、利仁、此ヲ聞《キキ》テ、「大夫《タイフ》殿《ドノ》、未《イマ》ダ暑預粥《イモガユ》ニ飽《アカ》セ不給《タマハヌ》カ」ト云ヘバ…（巻二十六第十七）

この話は『宇《う》治《じ》拾遺《しゅうい》物語』一ノ一八に引き継がれ、それを芥川龍之介《あくたがわりゅうのすけ》が翻案して短編小説「芋粥」として発表しました。（↓一八六頁）

四 【語彙】漢語が広まる

1 和語・漢語

漢字・漢文の素養が求められた男性は、漢文（和化漢文が多い）を書くことが多く、そこでは当然漢語が用いられました。その文章には現在でも用いられている漢語が見られます。女性は仮名で和文を書くのが普通であったので、そこで用いる言葉も和語が中心でした。しかし、唐の文化を受け入れ、漢文訓読が盛んに行われるようになると、日常語にも徐々に漢語がふえていきました。紫式部が書いた『源氏物語』にも漢語が一〇〇〇語あまり使われているという報告があります（宮島達夫『古典対照語い表』笠間書院、一九七一）。

物語に比べて、和歌に漢語が用いられることはあまりありませんでした。和歌の表現には、漢語はなじまなかったからでしょう。『古今和歌集』には「閻浮（えぶ）」「菊（きく）」のほか、掛け言葉に「桔梗（きちかう）」「薔薇（さうび）」「紫苑（しをに）」「枇杷（びは）」などが見られます。

2 漢語の日常化

漢語の使用が日常化するにつれて、漢語は外来語だという意識が薄れ、漢語に活用語尾を与えて日本語の中に溶け込ませるような使い方が生まれました。

その代表的な例は、漢語に「す」をつけてサ行変格活用動詞（帯《たい》す・論ず・領ず・御覧ず、など）とする語です。

そのほかに、

「ばむ」「めく」をつけて四段活用動詞とする（「気色《けしき》ばむ」「上衆《じやうず》めく」）、

「なり」「たり」をつけて形容動詞とする（「美相なり」「不便《ふびん》なり」「堂々たり」）、

形容詞を作る（「美々し」「執念《しふね》し」「労《らう》々じ」）

など、いろいろな例があります。

中には「装束《さうぞ》く」「騒動《さうど》く」のように、漢語の末尾を活用語尾としてカ行四段に活用させた語もあります。

3　辞書が編まれた

平安時代には男性には、漢字・漢文の読み書きの知識が必要でした。そのためには漢字の字書が必要になりました。

①**『篆隷万象名義《てんれいばんしょうめいぎ》』六帖《じょう》**三〇巻

日本人によって最初に作られた現存最古の漢字字書。九世紀前半に空海（弘法大師《こうぼうだいし》）が、中国の字書『玉篇《ぎょくへん》』から抜粋して、日本人向けに編集しました。漢字の音や意味を漢文で記してあります。和訓はありません。

②**『新撰字鏡《しんせんじきょう》』一二巻**

昌泰《しょうたい》年間（八九八―九〇一）に昌住（伝未詳）が著した現存最古の漢和字書。漢字の音や意味を漢文で記して、万葉仮名で約三七〇〇の和訓が添えられています。

③**『和名類聚抄《わみょうるいじゅしょう》』一〇巻・二〇巻**

意味分類体で記述された百科辞典的な漢語辞書。承平年間（九三一―九三八）に源　順《みなもとのしたごう》が醍醐《だいご》天皇の皇女勤子内親王に求められて編纂しました。

一〇巻本は漢語の出典名と漢文による語釈と音の説明を記し、万葉仮名で和名が添えられています。二〇巻本は、さらに薬名・官職名、日本の国郡郷駅などの地名が加えられています。

なお、一〇巻本と二〇巻本の、どちらが先に編纂されたかは不明です。

④**『類聚名義抄《るいじゅみょうぎしょう》』原撰本・改編本**

平安時代末期に作られた漢和字書。編者は不明。原撰本は法部一帖のみが伝存し、改編本は観智《かんち》院《いん》本が唯一の完本（鎌倉時代初中期の書写。国宝）で、他に一部分が残る写本が四種あります。

改編本は仏・法・僧の三部に、漢字の字形・字音・意味と、カタカナで和訓が示されています。

原撰本にも改編本にも、和訓のカタカナに平安末期のアクセントが朱で記されています。

五 【文法・語法】和歌にも文章にも係り結びが

1 動詞

動詞に限らず活用する語はすべて、活用形は未然形・連用形・終止形・連体形・已然形《いぜんけい》・命令形の順に示します。

奈良時代、動詞の活用には、下一段活用がありませんでした。

『日本書紀』の神代上・訓中に、「蹴散」に「倶穢簸邏邏箇須《くえはららかす》」と記されています。この動詞「くゑ」は「くゑ・くう・くうる」とワ行下二段に活用したらしいのです。これが平安時代に成立した下一段動詞「ける」になったと考えられています。（日本古典文学大系六七『日本書紀上』岩波書店、『時代別国語大辞典　上代編』三省堂）

動詞「蹴《け》る」は「け・け・ける・ける・けれ・けよ」のように活用します。

かの典薬《てんやくの》助は蹴られたりしを病《やまひ》にて死《し》にけり。（落窪《おちくぼ》物語巻四）

　あの典薬の助は蹴られていたのがもとで、病気になって死んでしまった

さと寄りて、一足づゝ蹴る。（落窪物語巻二）

　さっと寄ってきて、一足ずつ蹴る

奈良時代の動詞の活用は、四段活用・上一段活用・上二段活用・下二段活用・ラ行変格活用・ナ行変格活用・カ行変格活用・サ行変格活用の八種類でしたが、そこに下一段活用が加わって九種類になりました。

活用が変わったと思われる語もあります。

和須良牟弖《わすらむて》　努由伎夜麻由伎《のゆきやまゆき》　和例久礼等《われくれど》　和我知ゝ波ゝ波《わがちちははは》　**和須例**勢努加毛《わすれせぬかも》

（万葉集　四三四四）

「わすらむと」の「わすら」は四段活用、「わすれせぬかも」の「わすれ」は下二段活用と、一つの和歌のなかに両方みられます。古くは四段活用であったものが、後に下二段活用に転

じたようです。「隠る・忘る・触る・乱る」なども四段活用でしたが、後に下二段活用に転じました。

ほかにも活用が変わった語があります。

２　ク語法・ミ語法

「ク語法」とは、四段活用・ラ行変格活用の未然形相当形と、形容詞の未然形相当形に「く」が接続し体言化して「こと」を表し、また一段活用・二段活用・ラ行変格活用・サ行変格活用・ナ行変格活用などの「る」で終わる語の連体形に形式名詞「あく」がついた「るあく」が転じて「らく」となって体言化して「こと」を表す語法です。

佐《さ》奴《ぬ》良《ら》久《く》波《は》　多《た》麻《ま》乃《の》緒《を》婆《ば》可《か》里《り》　古《こ》布《ふ》良《ら》久《く》波《は》　布《ふ》自《じ》能《の》多《た》可《か》禰《ね》乃《の》　奈《な》流《る》佐《さ》波《は》能《の》其《ご》登《と》

（万葉集　三三五八）

共に寝た夜は玉の緒ほどの短い間なのに、恋しと思う気持ちは富士の高嶺の鳴沢のように高鳴っています。

「さぬらく」の「さ」は接頭語、「ぬらく」は「ぬ（寝）」のク語法で「寝ること」。「こふらく」は「恋ふ」のク語法で「恋すること」です。

「ミ語法」は、形容詞または形容詞型活用の助動詞の語幹に「み」をつけて、原因・理由を表す語法です。

春野尓《はるののに》　須美礼《すみれ》採尓等《つみにと》　来師《こし》吾曽《われぞ》　野乎《のを》奈都可之美《なつかしみ》　一夜《ひとよ》宿《ね》二《に》来《ける》　（万葉集　一四二四）

春の野にスミレの花を摘もうと来た私は、野に親しみを覚えて離れたくなく、一晩泊まってしまった

「なつかしみ」は「なつかしく思ったので」と理由を表しています。

「浦廻《うらみ》より　漕《こ》ぎ来《こ》し船を　風早み　沖つ御浦《みうら》に　やどりするかも」（万葉集　三六四六）の「風早み」も、「風が早いので」と、停泊する理由を述べています。

平安時代になると、ク語法には「思はく（思うこと）」「願はく（願うこと）」「のたまはく（おっしゃること）」その他があります。

ねがはくは　花のしたにて　春死《し》なん　そのきさらぎの　望月《もちづき》の頃《ころ》　（『山家集　金槐《きんかい》和歌集』）

の「ねがはくは」の意味は「願うことは」です。「私が願うことは桜の花の下で春に死にたいということだ、それも（釈迦《しゃか》入滅の日である）二月の満月のころに」という作者西行の心を詠んだ歌です。

あまり使われなくなったク語法に代わって、連体形が名詞のように使われる「準体法」が

発達しました。

また、ミ語法も歌語として使われるだけになりました。百人一首にある

瀬《せ》をはやみ　岩《いは》にせかるゝ　滝川《たきかは》の　われてもすゑに　あはむとぞ思ふ

（『金葉和歌集　詞花和歌集』）

の「はやみ」は「はやいので」です。「滝のように流れる川の流れが速いので、岩にふさがれて砕け割れてしまうが、下流ではまた合流するように、今逢《あ》うことができないでいても、行く末はあの人に逢いたいと思う」という気持ちを詠んだ歌なのです。

3　形容詞・形容動詞の活用が整備される

奈良時代、形容詞の活用はまだ十分に整備されてはいませんでした。ク活用とシク活用がありましたが、已然形「けれ」「しけれ」の例はあまりありません。また、係助詞「こそ」の結びは已然形の例が見当たらず、連体形で結ばれています。

難波人《なにはひと》　葦火《あしひ》焚屋之《たくやの》　酢四手雖有《すしてあれど》　己妻許増《おのがつまこそ》　常目頬次吉《とこめづらしき》

（万葉集　二六五一）

難波の人が葦《あし》で火を焚《た》く家のようにすすけてはいるけれども、自分の妻こそいつもかわいい

平安時代になって形容詞の活用も整備されました。形容詞の活用には、「ク活用」と「シク活用」があります。

ク活用は「高し」「早し」「青し」などで、「く・く・し・き・けれ・○」、シク活用は「嬉《うれ》し」「楽し」「うるわし」などで「く・く・○・き・けれ・○」となり、どちらも命令形はありませんでした。補助活用として「カリ活用」が用いられるようになると、命令形に「かれ」が加わりました。

また、形容動詞の活用も整備されました。形容動詞の活用はナリ活用とタリ活用がります。

ナリ活用は奈良時代にも少し見られますが、九世紀になってから多くなりました。「あはれなり」「静かなり」「遥かなり」などで、「なら・なり・なり・なる・なれ・なれ」と活用します。

タリ活用の形容動詞は、この時代に漢文の訓読（読み下し）によって発生し、漢語を語幹としています。「堂々たり」「悠然たり」「平然たり」などで、「たら・たり・たり・たる・たれ・たれ」と活用します。

漢語を語幹とするので、漢語を使うことの少なかった和文には、タリ活用の語はあまり使われませんでした。

4　音便の発生

「音便」とは活用語尾が一定の条件のもとで別の音に変化する現象で、その結果新しくできた語形を「音便形」といいます。この現象は奈良時代にも例がありますが、九世紀から体系的に生じました。

音便には次の四種類があります。

イ音便＝咲きて↓咲いて、書きて↓書いて、鳴きて↓鳴いて、次ぎて↓次いで、
　苦しき↓苦しい
ウ音便＝給ひて↓給うて、願ひて↓願《ねご》うて、詳しく↓詳しう
撥《はつ》音便＝読みて↓読んで、喜びて↓喜んで、なりぬ↓なんぬ、
　死にし子↓しんしこ（『土佐日記』の例）
促音便＝持ちて↓持って、終わりて↓終わって、失ひて↓失って

音便形は現在でも日常的に使われている語がたくさんあります。

5　係り結びの発達

平安時代の文章や和歌の特徴の一つに、「係り結び」という表現技法がありました。通常の文章では、文の最後は終止形で結ばれるのですが、係り結びの場合は、助詞「ぞ・なむ（古くは「なも」）・や・か」が使われると、その文を連体形で結び、助詞「こそ」が使われると已然形で結びます。

例えば、「……ありけり」と終止形「けり」で結ばれるのが、「ぞ・なむ・や・か」が使われると「……ありける」となり、「こそ」が使われると「……ありけれ」となります。

これは『万葉集』にも例がありますが、平安時代に大いに発達し、鎌倉時代以降は次第に少なくなりました。

平安時代の最初に作られた『竹取物語』の始めの方に、

名をば、さかきの造《みやつこ》となむいひける。その竹の中に、もと光る竹なむ一筋ありける。

と、係り結びが二度使われています。

係り結びは強調や余情などを表しましたが、次第に形式化して衰えました。現代でも「こそ」が強調で用いられますが、係り結びの語法はほとんど消滅しています。

6 待遇表現

「待遇表現」とは、話し手が聞き手あるいは話題の人物との人間関係や社会的関係によって、尊敬・親しみ、あるいは侮蔑などの気持ちをこめて行う言語表現です。

古く奈良時代でも見られますが、平安時代に発達しました。

待遇表現のうち、敬意を表す表現には、尊敬・謙譲・丁寧の三種があります（→一一七頁以降）。

体言（名詞など）に付けて尊敬を表す接頭辞では、「おほん」「おん」「お」「み」「ご」などがありました。「ご」は漢語に、それ以外は和語につけて用いられ、なかでも「お」「おん」が広く使われました。

「おほん」は「おほん時」「おほん神」など、「み」は「み心」「み気色」など、特定の語につく傾向があります。

尊敬の動詞には、「給《たま》ふ」「おはす」「おはします」「います（がり）・いまそがり」「おぼす」「おぼしめす」「きこしめす」「奉《たてまつ》る」「宣《のたま》ふ」「仰《おほ》す」「御覧ず」などがあります。

「給ふ」が尊敬の助動詞「す」「さす」についた「せ給ふ」「させ給ふ」は、「給ふ」よりさらに高い敬意を表すものとして、高い身分の人の行為に対して用いられました。

謙譲の動詞には、奈良時代から「賜《たまは》る」「奉る」「申《まう》す」「参る」「まかる」などがありましたが、さらに「まうず」「参らす」「つかうまつる」「聞《きこ》ゆ」「聞こえさす」「さぶらふ」「侍《はべ》り」なども使われるようになりました。

丁寧語は平安時代になって、新しく発達しました。謙譲語の「侍《はべ》り」が丁寧語として使われ、おなじく「さぶらふ」も「あり」の丁寧語として使われるようになりました。

六 「あめつち」「たゐに」「いろは」「五十音図」

1 「あめつち」の詞《ことば》

「あめつち」の詞は、四八字の仮名を重複することなく全部を使って作られたもので、「あめつち」で始まる平安初期に作られた手習い歌とされています。

あめ（天）つち（土）ほし（星）そら（空）やま（山）かは（川）みね（峰）たに（谷）
くも（雲）きり（霧）むろ（室）こけ（苔）ひと（人）いぬ（犬）うへ（上）すゑ（末）
ゆわ（硫黄）さる（猿）おふせよ（生ふせよ）えのえを（榎の枝を）なれゐて（馴れ居て）。
（読み方には異説もあります）

日本語の清音の音節を重複させずに全部がそろっています。

「え」が二度繰り返されているのは、当時ア行のエとヤ行のエが異なる音節として区別されていたことを示しているものと思われます。「たゐに」や「いろは歌」より先に作られたと考えられます。

2 「たゐに」の歌

「たゐに」の歌は、四七字の仮名を重複することなく全部を使って作られた七五調の歌詞で、源為憲《みなもとのためのり》の『口遊《くちずさみ》』（九七〇年成立）に記されています。

たゐ（田居）にい（出）で、な（菜）つ（摘）むわれ（我）をぞ、きみ（君）め（召）すと、あさ（求食）りお（追）ひゆ（行）く、やましろ（山城）の、うちゑ（打酔）へるこ（子）ら、も（藻）はほ（干）せよ、えふね（舟）か（繋）けぬ

「あめつち」の詞に次ぐもので、平安中期頃の「いろは歌」に先行して作られたと考えられています。ここでは「え」が一度しか現れません。

源為憲は注記として、「今世間ではあめつちほしその詞が唱《とな》えられているが、これはおかしいので、こちらの方が勝れている」（原文は漢文）という意味のことを述べています。「あめつち」の詞には「え」が二度あるが、「たゐに」は一度だけなので、こちらのほうが良い

というのです。これは九七〇年ころにはア行のエとヤ行のエとの区別が失われていたことから、四七字の「たゐに」が作られたものと思われます。

3 いろは歌

お正月などに、いろはカルタで遊んだことがあるでしょうか。「㋑犬も歩けば棒にあたる」「㋺論より証拠」「㋩花よりだんご」などと、いろは歌の順に札があります。

いろは歌は、四七の仮名全部を一度ずつ使い、平安時代の中ごろから鎌倉時代にかけてはやった「今様歌《いまようった》」の形式で作られています。今様歌の多くは、七・五の一二音の句四つで作られています。

いろは歌の作者は不明ですが、おそらく一一世紀の半ばころまでに、僧侶によって作られたものではないかと考えられています。

現在まで伝わっている最古のいろは歌は、仏典の注釈書『金光明最勝王経音義《こんこうみょうさいしょうおうきょうおんぎ》』(一〇七九年書写)に見られるものです。これを現在の活字に直すと次のように書かれています。

以呂波耳本へ止
千利奴流乎和加

余多連曽津祢梛
良牟有為能於久
耶万計不己衣天
阿佐伎喩女美之
恵比毛勢須

これを読むと次のようになります。

いろはにほへと
ちりぬるをわか
よたれそつねな
らむうゐのおく
やまけふこえて
あさきゆめみし
ゑひもせす

これを漢字仮名交じりに直すと

色は匂へど　散りぬるを　我が世たれぞ　常ならむ

有為の奥山　今日越えて　浅き夢見じ　酔ひもせず

となります。

この意味は、

色は美しく照り映《は》えていても、（いずれ花は）散ってしまうものである。世の中にずっと変わらずに存在し続けるものなどありはしない。人生には華やかなことも辛《つら》いこともある。人生という常に変わりゆく迷いの山道を越えて、はかない夢を見ることもないし、空想の世界に酔うこともない。

「有為《うゐ》」は仏教用語で、「さまざまの因縁によって生じ、常に生まれては亡びて永続しないすべての物事・現象」の意です。全体として仏教的な無常を歌ったものと解釈されてきました。（解釈には異説もあります）

いろは歌は多くの人が知るようになったので、中世から近代初期まで、辞書などの配列につかわれるようになりました。

仮名を全部一度ずつ使った作品はその後も作られました。

一九〇三（明治三六）年に『万朝報《よろずちょうほう》』という日刊新聞で、新しいいろは歌の募集がありました。通常のいろは歌に「ん」を加えた四八字という条件でした。一万点もの応募作の中で一等に選ばれたのは、坂本百次郎という人の作品でした。

とりなくこゑす　ゆめさませ　みよあけわたる　ひんかしを
　鳥啼《な》く声す　夢覚ませ　見よ明け渡る　東を
そらいろはえて　おきつへに　ほふねむれゐぬ　もやのうち
　空色映えて　沖つ辺に　帆船群れゐぬ　靄《もや》の中

この作品は「とりな順」として、昭和一〇年代までいろは歌とともに使われたそうです。

4　五十音図

五十音図は国語辞典などでお馴染《なじ》みでしょう。これも平安時代の中ごろから知られていました。作者は不明です。古代インドなどで用いられていたサンスクリット（梵語《ぼんご》）の悉曇学《しったんがく》（梵語・梵字の研究）の影響を受けているともいわれます。

現代の国語辞典はあいうえお順（五十音順）に見出しの言葉が並んでいます。

五十音の一つ一つが日本語の一音節をあらわす仮名文字で、五段一〇行に整然と配置されています。横の並びを「段」、縦の並びを「行」といいます。

あいうえお
かきくけこ
さしすせそ
たちつてと
なにぬねの
はひふへほ
まみむめも
やいゆえよ
らりるれろ
わゐうゑを

現存する最古のものは、醍醐寺蔵『孔雀経音義《くじやくきようおんぎ》』（一〇〇四―二八年ころ成立）に見られるもので、ア行とサ行がなく、行と段の順序が現在の五十音図とは異なっています。

現代の五十音図のようになっていくのは一七世紀にはいってからのことでした。八、九世紀には、ア行の「え」とヤ行の「え」が区別されていました。現代の発音では、ア行・ヤ行の「い」とワ行の「ゐ」、ア行・ヤ行の「え」とワ行の「ゑ」、ア行とワ行の「う」を区別していません。また、ア行の「お」とワ行の「を」も発音では区別していないので、実際は五十音ではなく、四十四音です。ただし、助詞の「お」は「を」と書くという表記上の区別があります。

第4章　僧侶・武士中心の文化――鎌倉時代の日本語

鎌倉時代は、一二世紀末の鎌倉幕府成立から、幕府滅亡（一三三三年）までの、約一五〇年間です。

鎌倉時代から次の室町時代をまとめて「中世《ちゆうせい》」といいます。

平安時代の貴族政治から、中央に進出した武士による武家政治へと、社会が大きく変わった時期でした。武家の勢力は日増しに強まり、政治の実権を握った平家を源氏が退け、鎌倉に幕府を開くに至って、公家《くげ》の勢力は弱まり、武家の勢力は安定しました。

貴族政治から武家政治への変革は、社会構造や経済生活を変え、文化の面でも変化を呼び、それは日本語にも影響を及ぼしました。

社会体制が貴族中心から武家中心に移ってから後も、文化面ではまだ公家の力がかなり残っていたので、公家と武家の対立の状況が続きました。その中にあって、文化の保持・継承に大きな役割を果たしたのが僧侶でした。

鎌倉時代に新しい仏教を広めた法然《ほうねん》（浄土宗の開祖）、親鸞《しんらん》（浄土真宗の開祖）、道元《どうげん》（日本曹洞宗の開祖）、日蓮《にちれん》（日蓮宗の開祖）たちは、新しい日本仏教を布教するのに、むずかしい漢字・漢文を使うことを避け、一般大衆のだれにもわかる平易な文章を書きました。旧仏教に属する慈円《じえん》（天台宗）も明恵《みようえ》（華厳《けごん》宗中興の祖）も同じような考えを書き残しています。こうして文化の担い手の中心は貴族や学者から僧侶や武士に移り、彼らを通じて一般大衆にまで広がっていったのです。

僧侶による出版活動が行われ、春日版や五山版などが知られています。春日版は、平安時代末期から鎌倉時代にかけて奈良の興福寺で出版された仏典で、春日神社に奉納されたものが多いことから、この名があります。

五山版は鎌倉時代末期から室町時代に、京都五山（臨済宗の天竜寺、相国寺《しようこくじ》、建仁寺、東福寺、万寿寺に、別格として南禅寺が上位に置かれた）と鎌倉五山（臨済宗の建長寺・円覚寺・寿福寺・浄智寺《じようちじ》・浄妙寺）で出版された書物です。中国から伝わった禅宗の書物の復刻が多いのですが、中国や日本の漢詩文集も出版されました。

このころには、文字の読み書きのできる人が増えて、地方の人たちも訴状などを書くことができるまでになっていきました。

一　【性格】近代への過渡期

日本語の歴史を古代日本語と近代日本語というように大きく二分すると、その過渡期にあたるのが中世の日本語であり、鎌倉時代は、その中世の前半にあたります。

鎌倉時代の日本語は、平安時代の日本語を受け継いでいる面に加えて、中世的な特徴をも持つようになりました。

二　【表記】仮名の使用が広まる

1　仮名《かな》の使用が増加する

仮名が女性の文字であり、男性にとっては私用の際の文字であった平安時代とは変わって、男性社会でも仮名の使用が増加しました。

漢字の付属物であったカタカナが漢字と同じ大きさで書かれるようになり、漢字カタカナ交じりからカタカナ漢字交じりへ、さらにはカタカナばかりで書かれた文書が現われるようになりました。

字形の美しさではひらがなが勝っていたので、文学的な作品はひらがなで書かれるのが普通で、注釈書や研究的な書物、あるいは実用的な書物にはカタカナが用いられました。

カタカナ書きの書物には、清濁やアクセントを示す記号や句読点の書かれているものが多いのですが、ひらがな書きのものには濁点も打たれず、促音も書かないなど平安時代の習慣が残っていました。

カタカナ書きの書物には仮名遣いの混乱が多く見られますが、これもカタカナが実用的で、書かれた時代の発音を反映しやすいからであり、ひらがな書きの書物に仮名遣いの混乱が比較的少ないのは、伝統的な表記法を学び、それを守って書かれたために、その時代の発音に影響されることが少なかったからであろうと考えられます。

カタカナは実用的な文字であったので、字体の統一はひらがなより早く、ほぼ今に近い形になったのは、鎌倉時代中期であったようです。

2 漢字の一般化

漢字もかなり普及しました。漢字の一般化に伴って漢字字書の編纂《へんさん》が盛んに行われました。

平安時代の末期、院政期に作られた『色葉《いろは》字類抄《じるいしょう》』は漢字で書かれる語をいろは順に配列したもので、国語辞典的です。また、全体をいろは順に編成した最初の辞書でもあります。

これに大増補を加えたのが鎌倉時代の初めまでに成立した『伊呂波字類抄《いろはじるいしょう》』（一〇巻本）です。

文学作品でも、『真字本《まなぼん》伊勢物語』をはじめ、『平家物語』『曽我《そが》物語』『方丈記』などにも「真字本」と呼ばれる漢字だけで書かれた本があります。

漢字の書体は、楷書《かいしょ》・行書・草書のいずれも用いられましたが、一般には行書・草書が多く、改まった場合に楷書が用いられました。

十分な漢字の知識がない人でも書状などで漢字を書こうとして、和語に当て字が多く使われました。

糸惜（いとほし）、墓無（はかなし）、六借（むつかし）、

浦山敷（うらやましく）、借染め（かりそめ）、荒猿（あらまし）、

浅猿（あさまし）、穴賢（あなかしこ）

その他いろいろな例があります。

3　仮名遣い

平安時代末から発音が変化したことから、仮名文字と発音との一対一の対応が崩れ、仮名

遣いの混乱が進みました。（↓五一頁《ページ》）

仮名遣いの標準について最も早く述べたのは、歌人で文学者であった藤原定家（一一六二―一二四一）でした。仮名で和歌や草子を書くときの注意を述べた歌学書『下官集《げかんしゅう》』のなかの「嫌《うたがわしき》文字事《もんじのこと》」という条に述べられています。

定家は他人にはあまり強くは求めなかったようですが、定家自身は一貫して使い分けを守っていたと言われます。

後に、鎌倉時代末期の歌学者・語学者行阿《ぎょうあ》（生没年未詳）がこの定家の説に基づいて言葉を増補し『仮名文字遣』を著しました。これが「定家仮名遣い」と呼ばれて、江戸時代まで尊重されました。

三 【語彙】漢字尊重の風潮

1 和製漢語の発生

漢字尊重の風潮がかなり顕著になり、漢字を使いたいと思うことから、本来は仮名で書く和語にも漢字の当て字が使われる例が増えました。こうした漢字書きの和語が音読されて和製漢語（字音語）が生まれました。

かへりごと→返事→へんじ
ひのこと→火事→くゎじ（カジ）
はらをたつ→立腹→りっぷく
ではる→出張→しゅっちゃう（シュッチョウ）
ものさわがし→物騒→ぶっさう（ブッソウ）
おほね→大根→だいこん
をこ→尾籠→びろう
おはします→御座→ござ（る）

2　漢語サ変動詞や漢語の副詞

武士たちは漢語を用いて重々しい表現をすることを好んだので、軍記物をはじめ多くの作品のなかでも、力強い表現にふさわしい漢語の使用が増えました。

漢語は名詞に多く、動詞では漢語サ変動詞を発達させました。

さらに副詞にまで及び、「始終」「毎度」「内々」など「に」「と」を伴わないで用いられる副詞も生まれました。

3　唐音の伝来

中国商人や臨済宗・曹洞宗などの僧侶が、中国から唐音（↓二八頁）を伝えました。唐音は唐宋音《とうそう》ともいいます。一部は平安時代に伝えられていましたが、鎌倉時代以降に伝わったものが多く、今日でも使われている語があります。

羊**羹**《ようかん》・**蒲団**《ふとん》・扇**子**《せんす》・**和**尚《おしょう》・普**請**《ふしん》・**行脚**《あんぎゃ》・**提灯**《ちょうちん》・椅**子**《いす》・剽**軽**《ひょうきん》・**瓶**《びん》・**杏子**《あんず》　（太字は唐音）

4　代名詞に新しい語

代名詞にいくつかの新しい語が加わりました。

一人称＝わたくし、それがし、身ども、おれ

二人称＝われ、ぬし、貴様

三人称＝しゃつ、こやつ、くやつ、きやつ、あやつ

これらの代名詞は、階級意識の反映した使い分けがなされました。

四　【文章・文体】武士の力強さが全面に

1　和漢混交文の発達

平安時代に、貴族社会の言葉を基盤に発達した文学用語は、武家時代に入ってからは固定したものとなりました。しかし、武士たちによって求められたのは貴族社会の優美な言葉ではなく、武家風の力強さに満ちた剛健な言葉づかいでした。漢語が盛んに使われ、漢文訓読の流れを汲《く》む和漢混交文が発達しました。和漢混交文は伝統的な和文の性格と漢文訓読文の性格とをあわせ持つ文語文です。『平家物語』などの軍記物や、『海道記』『東関紀行』などの紀行文に見られる、漢語を多く交えた文体です。

戦乱を主な題材とする軍記物では『平家物語』がよく知られています。そのほかにも『将門記《しょうもんき》』『陸奥話記《むつわき》』『保元《ほうげん》物語』『平治《へいじ》物語』などがあり、戦の場面が描かれ、登場する武士の英雄的な人物像を語る作品が作られました。

これらの作品は武士の好みに合った漢語の多い、重々しい和漢混交文で書かれています。『平家物語』は次のような文章で始まります。

祇園精舎《ぎおんしやうじや》の鐘《かね》の声《こゑ》、諸行無常《しよぎやうむじやう》の響《ひびき》あり。娑羅双樹《しやらさうじゆ》の花《はな》の色《いろ》、盛者必衰《じやうしやひつすい》のことわりをあらはす。おごれる人《ひと》も久《ひさ》しからず、只春《ただはる》の夜《よ》の夢《ゆめ》のごとし。たけき者《もの》も遂《つゐ》にはほろびぬ、偏《ひとへ》に風《かぜ》の前《まへ》の塵《ちり》に同《おな》じ。

『平家物語』は、盲目の琵琶《びわ》法師《ほうし》によって人々の前で語られていたものを書きとどめた作品と考えられています。したがって、作者は明らかではありません。

2　武士の言葉、庶民の言葉

平安時代にはあまり表面に出ることのなかった武士が、政治・社会の上で力をもつようになると、それまで文献では見られなかった武士の言葉が書き残されるようになりました。また、庶民の言葉も文学作品の中に見られるようになりました。

『平家物語』『保元物語』『平治物語』などには武士の言葉が見られ、『宇治拾遺物語《うじしゅういものがたり》』『十訓抄《じっきんしょう》』『古今著聞集《ここんちょもんじゅう》』などには庶民の言葉が見られます。

ともなる力者法師きゝとがめて、「おやまきの聖覚や。はゝまきの聖覚や」など、ねめつゝ見かへりくにらみけり。（古今著聞集　五四三）

の「力者法師」は主人の供をする従者で、「おやまき」も「はゝまき」も人を罵《ののし》るときの言葉です。

3 話し言葉の記録も

鎌倉時代には、話し言葉の資料が乏しいとされていましたが、『宇治拾遺物語』などのほかに、『方丈記』やカタカナ交じりの『宝物集《ほうぶつしゆう》』、『明恵上人夢記《みようえしようにんゆめのき》』などの仏教説話集や注釈書の類には、話し言葉的な要素が多く含まれています。

（五位の男が）芋粥《いもがゆ》すすりて、舌打ちをして、「あはれ、いかで芋粥にあかむ」と云《いひ》ければ、利仁、これを聞きて、「大夫殿、いまだ芋粥にあかせ給はずや」と問ふ。五位「いまだあき侍らず」といへば、「あかせ奉《たてまつ》りてんかし」といへば、「かしこく侍らん」とてやみぬ。

（『宇治拾遺物語一ノ一八』）

この時代は漢文訓読も盛んに行われました。武士や一般大衆に向けての講義のためには、仮名による訓が主流になり、そこには多くの中世の日本語が見られます。

4 武士の強がり

武士たちの言葉には強さを表現した言い方が多く、弱さを見せる表現は好みませんでした。軍記物では「…される」という受け身の表現が使われるところに、逆の「…させる」という使役の表現を使った例が見られます。例えば、矢で射られたことを「射させ」といい、敵に討たれたことを「討たせ」といって、相手にわざとそうさせてやったという表現を使っていることがあります。一種の強がりとも言えます。『平家物語』には、次のような例があります。

三位入道《にうだう》七十にあま（ッ）ていくさして、弓手《ゆんで》のひざ口《ぐち》をゐさせ、いたでなれば、心しづかに自害《じがい》せんとて、……兼綱《かねつな》うち甲《かぶと》をゐさせてひるむところに（宮御最期）

河野通信《かうの(の)みちのぶ》ち、をうたせて……（飛脚到来）

また、戦に負けて退却するときでも、「逃げる」「落ちる」などとは言わずに「（陣を）開く」と言いました。

武士たちは自分の弱みや敗北をそのままに言うことを嫌って、別の表現をしたかったのでしょう。これらを「負け惜しみ表現」という人もいます。

第5章　民衆の台頭──室町時代の日本語

一三三三年、鎌倉幕府が滅び、後醍醐《ごだいご》天皇による建武の新政が始まりました。しかし、一三三六年に室町幕府を開いた足利尊氏《あしかがたかうじ》との対立が起こり、京都に北朝、吉野に南朝と二つの朝廷の抗争が続きました。この時期を南北朝時代（一三三六―九二）といい、日本中に社会的な大変動が生じました。

地方の守護大名が力を強め、時には将軍とも対立して、応仁の乱（一四六七―七七）へと進んだのです。諸国の守護大名は、細川方の東軍と山名方の西軍とに分かれて戦い、戦乱は地方にも広がって戦国時代となりました。京都は荒廃し、幕府は権威を失墜して機能しなくなりました。

社会の混乱は甚だしく、あらゆる社会的な権力や権威を崩壊させ、古い社会秩序は失われて、大きな転換が起こりました。もはや権力に支配されない庶民が、自分たちの力で生きて行こうとするようになったのです。

都市に定住した商人たちは自治を手にし、自分たちで流通機構を作って経済を発展させて財力を蓄え、農民たちも「惣《そう》」という自治的な村落を形成して、土一揆《つちいっき》・国一揆《くにいっき》など経済闘争を行いました。

こうした状況ではいろいろな場面で文書を書くことが必要となり、文字を使用する能力が求められ、庶民でも上層の者は仮名交じり文の読み書きができるようになっていきました。庶民の識字層がふえるにつれて辞書の需要が生じ、実用的な辞書の『節用集』や漢和辞書の『倭玉篇《わごくへん》』など各種の辞書が作られました。

建武の新政のころから流行した「ばさら」という華美な服装で異様な振る舞いをする風俗のなかから、能・狂言などの芸能が生まれました。狂言には日常生活に題材を求めたものがあり、擬音語や擬態語、待遇表現などに、当時の話し言葉が残されています。

こうして民衆が初めて歴史の表舞台に登場したことが、この時代の重要な特徴です。

戦国時代の武将織田信長がいく度かの戦に勝利して力を強め、室町幕府を滅亡させて全国統一に乗り出しました。しかし、志半ばで明智光秀《あけちみつひで》の急襲を受け、本能寺で自刃しました。その明智光秀を豊臣秀吉が破って信長の後継の地位を得て関白太政大臣に就きました。この時期を二人の名前をとって織豊時代といい、また安土桃山時代といいます。寺社や城郭に優れた建築を残し、茶の湯を大成させました。

学問の世界でも公家《くげ》の権威は後退し、代わって僧侶が台頭して仏典のみならず、漢籍までも講じました。五山（↓八三頁《ページ》）の学僧や博士家（大学寮などで博士の職を世襲した家柄）の学者などが講義を筆記した、仏典・漢籍・漢文体国書の注釈書を「抄物《しょうもの》」といい、『論語抄』『史記抄』『毛詩抄』『玉塵抄《ぎょくじんしょう》』その他かなりの量のものが現在まで伝えられています。仮《か》名《な》で書かれた抄物は、当時の口語を知る重要な資料となっています。

海外との交易も盛んになり、朝鮮や中国に日本への関心を呼び、日本研究を促しました。朝鮮資料の『伊路波《いろは》』『倭語《わご》類解』『捷解新語《しょうかいしんご》』、中国資料の『書史会要』『日本寄語』『日本館訳語』そのほかに、日本語についての記述が見られます。

一五世紀末から一六世紀にかけてヨーロッパは大航海時代となり、ヨーロッパ人がアジアにやって来ました。一五四三年ポルトガル人が種子島《たねがしま》に漂着したのをはじめとし、キリシタン宣教師がキリスト教布教の目的で来日しました。彼らは日本語で布教するために、まず日本語を学び研究し、その成果として日本語の文法書、辞書、文学作品などを残しました。彼らが残した文献をキリシタン資料といいます。

キリシタン資料とは、一六世紀後半から一七世紀初めにかけて、日本でキリスト教の布教に従事した宣教師たちによって出版された文献の総称です。一五九〇年イエズス会のバリニャーノが印刷機を伝えてから、島原・天草・長崎など各地で出版されました。『サントスの御作業の内抜書《うちぬきがき》』（一五九一年）が最も古く、三〇点近くが伝えられています。ポルトガル語式のローマ字で書かれたローマ字本と、漢字と仮名で書かれた国字本とがあります。

ローマ字本には『ドチリナ・キリシタン』（一五九二年）、『平家物語』（一五九二年）、『伊曽保《いそほ》物語』（一五九三年）、『コンテンツス・ムンヂ』（一五九六年）ほかがあり、国字本には漢字辞書の『落葉集』（一五九八年）、救霊や修徳を説く『ぎや・ど・ぺかどる』（一五九九年）ほかがあります。

また、日本語とポルトガル語の辞書『日葡辞書《にっぽじしょ》』（一六〇三―〇四年）と、ロドリゲスによる日本語の文法書『日本大文典』（一六〇四―〇八年）は、日本語とポルトガル語の両語がローマ字で書かれています。

当時の日本語がローマ字で表記されており、口語文や発音などを知るうえで日本語史における貴重な資料になっています。

一 【性格】近代日本語へ向かう

歴史の大きな転換期であった室町時代には、日本語にも大きな変化がありました。鎌倉時代から始まった古代日本語から近代日本語への変化が、さらに進みました。古代日本語的な性格を残す最後の時期であり、それはまた近代日本語の生れ出る時期でもありました。

京都の室町に幕府が開かれ、足利氏をはじめ関東の武家が京都に住み、地方の大名や武家も多く住むようになりました。各地の人が京都に入り、流通経済の発達もあって、京都に地方語が入り、地方の文化ももたらされて、都《みやこ》と地方の入り交じった活気ある文化が生まれました。

ここで用いられた言葉は、わかりやすく活気があり、これが現代日本語の源流になったとも言われます。

しかし、都と地方の混交文化であるために、室町時代の日本語を支える中心勢力がはっきりせず、平安時代の優美さ、鎌倉時代の剛健さに対比できるような室町時代語としての特有な性格が形成されませんでした。

二【音韻】消えた音と生まれた音

1 母音

キリシタン資料（↓九六頁）では、単独で音節を構成する場合のア・イ・ウはa、i、u

と書かれていますが、エ・オは常にye, uo／voとなっています。このことから、当時のエ・オの音価（具体的な音声）は［je］［wo］であったと推定されています。

2　長音に開音と合音があった

連母音（二つの母音の連続）の融合によって、ウ段とオ段には長音が発生しました。オ段の長音には、「開音」と「合音」という二種類がありました。キリシタン資料では開音は［ǒ］、合音は［ô］と書き分けられています。この発音は、開音は［ɔ:］、合音は［o:］と推定されています。

開音はア段の音節に母音［u］が続いた［au］（拗音《ようおん》では［jau］）という母音の連続から転じたものであり、合音はエ段・オ段の音節に母音［u］が続いた［eu］［ou］という母音の連続から転じたものです。

開音［au］＝まうす（申す）→ mǒsu　はやう（早う）→ fayǒ
よまう（読まう）→ yomǒ
さうたう（相当）→ sǒtǒ
くわうみやう（光明）→ quǒmiǒ

合音［ou］＝おもふ（思ふ）→vomô　よう（良う）→yô
こう（来う）→cô　ほうこう（奉公）→fôcô
［eu］＝うけう（受けう）→vqeô　せう（為う）→xô
めう（妙）→meô, miô　てう（朝）→chô

このような開合の区別は読経の場合などから始まったようで、室町時代末期まで標準的な発音としてこの区別が守られていました。発音が正しいことを「開合が正しい」といったほど重要視されていましたが、室町時代末期には京都でも混乱が生じたようです。

なお、ア段・イ段・エ段の長音は、室町時代末期になっても、普通の言葉には現れなかったようです。

3　子音

キリシタン資料でサ行とザ行の綴《つづ》りを見ると、
sa, xi, su, xe, so　xa, xu, xo
za, ji, zu, ze, zo　ja, ju, jo
と書かれています。これはシ・セ・ジ・ゼが［ʃi／ʃe／ʒi／ʒe］であったことを示しているものと見られます。

タ行ダ行は

ta, chi, tçu, te, to　da, gi, dzu(zzu), de, do

と書かれていて、現代とほぼ同じ音になっていたようです。

なお、ji（ジ）とgi（ヂ）、zu（ズ）とzzu（ヅ）の表記が書き分けられていることから、その区別が維持されていたことがわかります。この四つを「四《よ》つ仮名《がな》」といい、京都でもしばしば混同されることがあったようです。

なお、pで表されるパ行音パ・ピ・プ・ペ・ポの子音も、一六世紀半ば以降には確立しました。

4　撥音《はつおん》と促音

平安時代にはマ行・バ行音から変化して生じた撥音［m］、例えば「をみな（嫗）」は「をむな」、「選びて」は「選むで」のように「む」と書き、ラ行音から変化して生じた撥音［n］、例えば「ありなり」は「あなり」（「あンなり」の撥音ンの無表記）と、表記上の区別がなされていましたから、この二つの音の違いが意識されていたものと思われます。それが鎌倉時代の資料では［m］［n］の区別は失われて、すべて「ん」「ン」で書かれるようになりました。

また、「もはら」「もとも」などは、古くはそのように発音されていたのですが、鎌倉時代になると「もっぱら」「もっとも」などと発音されるようになりました。

促音便（↓七二頁）が使われるようになり、促音が音の一つとして確立し、促音を表すために「つ」と書かれる例が見られるようになります。促音を「つ」と書くことが徐々に増えたのは一四世紀の初めころからです。

5　直音《ちょくおん》と拗音《ようおん》

キ・チなどを「直音」といい、これらに対してキャ・チャなどを「拗音」といます。拗音が直音と異なる音として意識されるようになったのは、鎌倉時代からのようです。

カとキャ、タとチャを区別してとらえることはそれほど難しくはなかったでしょうが、サとシャはちょっと事情が違ったようです。平安時代はサ行のサ・シ・ス・セ・ソはシャ・シ・シュ・シェ・ショと発音されていました。漢字音の拗音を直音と区別しようとする意識が強くなるにつれて、サとシャ、スとシュ、ソとショを区別するようになったものと考えられています。

6 連濁《れんだく》、連声、音便

① 連濁

現代の日本語で「本＋箱」をホンバコといい、「はこ→ばこ」のように濁音となることを「連濁」といいます。平安時代に連濁が生じていたことは、『類聚名義抄《るいじゅみょうぎしょう》』（→六四頁）のカタカナ書きの和訓に濁音を示す記号が書かれていることから確かめられます。

連濁は現代よりも多かったようです。和語だけではなく漢語でも、「にんげん（人間）」「のうじゃ（能者）」「おんじゃう（音声）」「てうぶく（調伏）」その他の例があります。

また、現代では連濁を起こさない語に連濁の例もありました。

空中　くうぢゅう　強盗　がうだう　歓喜　くゎんぎ
炎暑　えんじょ　進退　しんだい　勇士　ゆうじ

② 連声《れんじょう》

「因縁」は「いんねん」、「観音」は「かんのん」と読みますが、もともとは「いん＋えん」「かん＋おん」です。一定の条件のもとで音が続くときに発音が変わる現象を、「連声」とい

います。連声は和語にも漢語にも見られます

御主　おんなるじ　　人間は　にんげんな

無慚や　むざんにゃ　　念仏を　ねんぶっと

今日は　こんにった

安倍晴明《あべのせいめい》は陰陽師として知られていますが、この「陰陽師」を「おんみょうじ」と読むのも連声の例です。

連声も連濁も室町時代に多くなりました。

③　**音便**

音便のうち特色あるものに次のような例があります。

バ行・マ行の四段動詞のウ音便

叫びて↓叫うで　　頼みて↓頼うで

サ行四段動詞のイ音便

差して↓差いて　　起こして↓起こいて

三　【表記】文化が礼法と結びつく

1　漢字

漢字はさらに広く普及しました。それに伴って漢字の辞書が求められ、『節用集』（編者未詳。一五世紀半ばまでに成立）、『下学集《かがくしゅう》』（東麓破衲編《とうろくのはのう》、一四四四）などが作られました。

さらにその形式や内容を受け継ぎながら、いっそう簡便で日常の使用に便利なように工夫された節用集が作られ、多くの人々に利用されたようです。節用集には当て字が多く記載されていますが、和語も漢字で書くことを望んだからでしょう。

室町時代は礼法（礼儀作法の決まり）を守ることが厳しかったので、「殿」「候」「様」などの字の崩し方も、相手が目上か同輩か目下かによって、区別して書かれました。文字が礼法と結びついたのです。

楷書《かいしょ》で旁《つくり》の下を「永」と書く様《えいさま》が最も敬意が高く、旁の下を「次」と書く「様《つぎざま》」は目下の者に使われ、その中間に「美様《びざま》」「平様《ひらざま》」がありました。

2　仮名

カタカナの字体は現代の字体にかなり近いものになりましたが、一部に「ネ」に「子」を書くなど、変体仮名（異なる字体の仮名）も使われていました。

当時、仮名はひらがなが主流で、庶民も使っていました。ひらがなには多くの変体仮名がありました。

3　濁音符、半濁音符

清音か濁音かを区別して示す必要があるときには、仮名の左上か左下に記号を付けました。清音は「◦」、濁音は「°°」で示しました。この方法は平安時代末期に普及し、『類聚名義抄《るいじゅみょうぎしょう》』『色葉《いろは》字類抄《じるいしょう》』など辞書類はもちろんのこと、古典の読解の方法としても盛んに用いられました。

濁点はカタカナの方に多くつけられていましたが、濁音の全部の仮名につけられているわけではなく、注記を必要とするところにだけつけたようです。

キリシタン資料（↓九六頁）のうち国字本（ローマ字ではなく仮名と漢字で書かれた本）には、半濁音の記号が記入されています。カタカナの清音に「°」を用いなかったので、これをパ行音の半濁音の記号として利用したのです。

パアテルナウステル　Pater noster　主禱文《しゅとうぶん》

ぽろへた　Propheta　預言者

などのように、まず外来語に半濁音の記号を付け、これを日本語にも応用するようになりました。

尚嘆くべき事と云パ（イッパ）　（ぎや・ど・ぺかどる）

一夫　いっぷ、　一辺　いっぺん、　一歩　いっぽ、

一方　いっぽう　（落葉集）

などのように書きました。

四　【語彙】優美な女房詞

1　漢語

漢語が著しく増加して、実用的なものとなりました。戦記物をはじめ多くの作品で漢語の使用がふえました。この時代には力強い表現が好まれ、文体も漢文訓読調の強い和漢混交文が用いられました。

鎌倉時代に多く入った唐音（↓二八頁）の語も使われました。

2　和語

狂言や抄物（↓九六頁）のなかでは擬声語・擬態語が多く見られ、日常生活でも使われていたようです。

同じ形を重ねて「と」を付ける形の副詞が多く、擬音語・擬態語のほかに、動詞の連用形や形容詞の語幹を、同様の形式で用いることもありました。「ありありと」「のびのびと」「青々と」「長々と」などです。

3　女房詞《ことば》

室町時代の初めころより、女房（宮中に仕え、部屋を与えられている女官）たちによって使われ始めた独特な言葉がありました。一五世紀後半の成立とされる『大上臈御名之事《おおじょうろうおんなのこと》』に「女房ことは」として一〇〇余りが記されており、『日葡辞書』にも女の言葉として記録されています。

食べ物・衣服や日常の用具に関するものが多く、優美で上品な言葉として、のちには将軍家に仕える女性にも使われるようになり、やがて町家の女性にまで広がりました。

造語法としては、単語の最初の一音に「文字」を添えたいわゆる「もじ言葉」が最も多く見られます。

すもじ（鮨）　しゃもじ（杓文字）　そもじ（そなた）

はもじ（恥ずかし）　こもじ（鯉《こい》）　ふもじ（鮒《ふな》）

また、語の一部だけや形態から名づけたもの、それに「お」を載せたものなどがあります。

おひやし（冷水）　かちん（餅）　からもの（大根）

しろもの（塩）　おまん（饅頭《まんじゅう》）　おつけ（汁）　おひん（昼食）

おかず（菜）　浪の花（塩）　むらさき（鰯《いわし》）　ゆき（鱈《たら》）

おかべ（豆腐）　おなか（腹）　青物（野菜）

女房たちと接する機会のある者を経由して一般の人々のなかに持ち込まれ、上品な言葉として広がったものと思われます。狂言のなかには男性が使っている例もあります。

女房詞の中のいくつかの語は、現代でも普通に使われています。

4　南蛮語（外来語）

一六世紀後半にはヨーロッパ人（南蛮人）が渡来し、スペイン語やポルトガル語などが伝えられました。

渡来人の多くはキリスト教の宣教師で、なかでもポルトガル人が多かったので、ポルトガル語からの外来語が多く、現代でも使われている語があります。

パン　pão　金平糖《こんぺいとう》　confeito　カステラ　castela
襦袢《じゅばん》　gibão　合羽《かっぱ》　capa　ボタン　botão　ビロード　velude
羅紗《らしゃ》　raxa　カルタ　carta　たばこ　tabaco

キリシタンはchristãoから、神父のバテレン（伴天連）はpadre（父）からで、ほかにもキリスト教関係の語も入りましたが、後の禁教によって残りませんでした。

織物のサラサ（更紗）はジャワ語から、キセル（煙管）はカンボジア語から、ポルトガル語を経て日本に入った語です。

五　【文体】和漢混合文の流行

和漢混交文が文章の主体となり、『太平記』『義経記』などの作品が書かれました。独特な文体をもつ「法語」（仏教の教えを説いた言葉）や、漢語・俗語を多く交えながらも和文的な要素の強いお伽草紙《とぎぞうし》の文章も、この系統を継ぐものです。

公文書や男性の私文書は変体漢文（日本化した漢文）で書かれ、特に書簡には「候文体《そうろうぶんたい》」

が広く用いられ、日記や記録類にも用いられました。この文体に用いる用語や形式などを教えるための書物が作られ、これが「往来物」です。『庭訓往来《ていきんおうらい》』のような書簡文用例集と、『雑筆往来』のような書簡用語集とがありました。

また、五山（↓八三頁）の僧侶は漢文体を用いており、抄物（↓九六頁）には講義の口調を基盤とする特殊な文体で、当時の口語が含まれています。

塞ニ老翁アリ。馬ヲ失タソ。シリウトヾモガキテ、セウシト云テワビタソ。叟ガ云コトハ「ヨイ福ナコトテコソアレ」ト云タソ。……（玉塵抄《ぎょくじんしょう》四　三三ウ―三四オ）

（大意）辺境の砦《とりで》近くに住む老人の馬がどこかへ行ってしまった。知人が気の毒だと言って嘆いた。老人は「幸いなことだよ」と言った。…（これは「塞翁が馬」という中国の故事の初めの部分）

シリウト＝知人。セウシ＝笑止。気の毒に思うこと。ワビタ＝嘆いた。悲しんだ。福ナコト＝幸いなこと。

六　【文法・語法】単純化への流れ

鎌倉時代は、古代日本語から近代日本語への転換期のはじめの時期に当たります。

文法の面では単純化の方向に向かい、平安時代の規範から外れる語法が現われました。

1　動詞

①　**終止形と連体形が同じ形になった**

吉田兼好の『徒然草《つれづれぐさ》』（一三三一年頃成立）は広く知られ、高く評価されている古典文学です。その文章は平安時代の文章を模範とする擬古文で書かれています。しかし、そこには平安時代とは違うところがあります。

門に額懸《か》くるを、「打《う》つ」といふはよからぬにや。勘解由小路《かでのこうぢ》二品禅門《にほんぜんもん》は、「額懸くる」とのたまひき。「見物の桟敷うつ」もよからぬにや。「平張《ひらばり》うつ」などは常の事なり。「桟敷構《かま》ふる」などいふべし。「護摩焚《ごまた》く」といふも、わろし。「修《しゆ》する」、「護摩する」など云（ふ）なり。「行法《ぎやうぼふ》も、法《ほふ》の字を澄《す》みていふ、わろし。濁りていふ」と、清閑寺《せいかんじの》僧正《そうじやう》仰（せ）られき。常に言《い》ふ事に、かゝる事のみ多《おほ》し。　（第一六〇段）

これは終止形が使われるはずのところに連体形が使われている例としてよく取り上げられる箇所です。「懸くる」は「懸く」の、「構ふる」は「構ふ」の、「修する」は「修す」の、「護摩する」は「護摩す」の、それぞれ連体形です。文の終わりに連体形を使うのは平安時代の文法に反する言い方なのですが、『徒然草』が書かれた時代の話し言葉では、連体形で文を結ぶことが行われていたことを反映していると見ていいでしょう。

鎌倉時代では連体形で文を結ぶことが一般化して、連体形が終止形としての機能を持つようになり、それまでの終止形があまり用いられなくなって次第に終止形と連体形が同じ語形になっていきました。

このために、ラ行変格活用は四段活用と同じになってしまい、サ行変格活用・カ行変格活用や二段活用も、平安時代とは違ったものになりました。

これらの変化は終止形と連体形が同じ形になり、連体形が終止形の機能を持つようになって起きたのですが、ナ行変格活用では他とは異なって終止形が連体形を兼ねるようになりました。

このような終止形と連体形が同じ形になる現象は動詞の活用だけではなく、形容詞・助動詞など活用語の全体に起こりました。

室町時代には、すべての活用語で、終止形と連体形が同じ語形になりました。

② 二段活用が一段化した

二段活用の動詞が一段活用になることは、平安時代にもその兆しがみられました。

経《ふ》↓経《へ》る　栄ゆ↓栄える　媚《こ》ぶ↓媚びる

鎌倉時代以降には、

寄す↓寄せる　銹《さ》ぶ↓銹びる　浴ぶ↓浴びる

など例が増えます。この変化は京都より関東で早く起りました。

このように二段活用の一段化という変化が起きましたが、それでも二段活用の方が正しいのだという意識がありました。そのために、本来一段活用である「用ゐる」「試みる」「鑑《かんが》みる」などを、「もちふ・もちゆ」「こころむ」「かんがむ」などと、二段に活用させることもありました。

③　命令形に「―い」

下二段活用・カ行変格活用・サ行変格活用の命令形に、「よ」のほかに「い」のついた形ができました。

いなせてくれい（狂言・虎明本「悪坊」）

留守をせい（狂言・虎明本「不聞座頭」）

持って来い（天草本『伊曽保《いそほ》物語』）

関東では、命令形の語尾に「ろ」をつけるのが特徴でした。室町時代末期には長崎・佐賀・熊本の地域でも「見ろ」「着ろ」「上げろ」など「ろ」のついた形が使われていたことを、ロドリゲス『日本大文典』で知ることができます。

④ 音便形が連用形相当になる

音便形は四種とも盛んに使われていました。ガ行四段活用のイ音便（「さわいだ」の類）も増えました。現代の東京語にはない「指《さ》いて」「起こいた」などサ行四段活用のイ音便は、室町時代末期まで用いられました。

室町時代には音便形を使うことが本来となったので、音便形としてではなく、連用形に相当する活用形と見るべきものとなったのです。

⑤ 可能動詞の発生

動詞に「可能動詞」が現われはじめました。「読む」「聞く」を「～できる」の意味でいうとき、本来は「読まれる」「聞かれる」というところなのですが、「読める」「聞ける」の形が生まれたのです。

2　形容詞・形容動詞

①　形容詞

形容詞の連体形には、平安時代から「い」がありましたが、終止形と連体形が同じ語形になったことから、この時代から終止形に「い」の形ができました。室町時代の口語が書かれた文献では「い」の形の方が一般でした。結局形容詞の活用は「く・く・い・い・けれ・○」の一種類だけになり、ク活用とシク活用の区別がなくなりました。

連用形の「く・しく」とそのウ音便「う・しう」は並行して用いられましたが、室町時代末期には音便形の方が優勢になりました。

②　形容動詞

形容動詞は、タリ活用は文語以外ではほとんど用いられなくなり、口語では衰退して、「堂々と」の類は副詞として、「堂々たる」の類は連体詞としての用法に限られてしまいました。

ナリ活用では、連体形の「る」を落とした「―な」という形が多く使われるようになりました。

真《まこと》に奇妙な装束ぢや（「伊曽保物語」「鳥と、狐《きつね》の事」）

しかるに有徳な者は常に心乱れ騒いで（「伊曽保物語」「下心」）

3　係り結びの衰退

鎌倉時代から係り結びが徐々に用いられなくなりましたが、室町時代になってからは衰退が顕著になりました。この時代には、余韻のある文章よりも、論理の一貫した明晰《めいせき》な表現を目指すようになったからと思われます。

係り結びはもともと強調の表現でもあったので、「こそ」や「ぞ」などの係助詞が単に強調のためにだけ使われて、結びに連体形や已然形《いぜんけい》を必要としなくなったとも考えられます。また、活用する語の終止形と連体形が同じ形になるという現象によって、係り結びの表現効果が薄れてしまったことも、衰退の原因の一つであったでしょう。

4　待遇表現の発達

尊敬や親愛あるいは侮蔑の気持ちを表す表現は古くからありましたが、鎌倉時代には、助詞・助動詞・接頭語・接尾語などの使い分けがなされて複雑に発達しました。

① 尊敬

尊敬の「ご（御）」と「ぎょ（御）」はどちらも敬意を表しますが、「ぎょ」の方が敬意が高く、天皇・上皇やそれに準ずる人の行為・事柄や持ち物などを表す語に付いて「御感《ぎょかん》」「御製《ぎょせい》」「御物《ぎょぶつ》」「御遊《ぎょいう》」などと用いられました。

「み」と「お・おん」にも似たような関係があり、「み」が付く語は神仏・天皇・貴人など高い敬意を払うべき人に属することを示し、敬意をあらわして「神の御心《みこころ》」「御子《みこ》」「御姿《みすがた》」などと用いられました。

また、代名詞・敬語動詞・補助動詞・助動詞などが敬意の段階に応じて使い分けられました。

例えば、「そなた」より「こなた」のほうが敬意が高く、「―（て）たもる」よりは「―（て）くださるる」のほうが敬意が高いとされました。

動詞の尊敬表現には「お…ある（やる）」の形式が盛んに用いられ、動詞に直接「お」がつく言い方も生まれました。

お聞きあれ　力をお添えやらぬぞ
御申し候へ　御尋ね候ひて

お着き給《たま》へば　お許され　お参る

お恥ずかしけれ　おん恋しや　お恋しく

形容詞に直接「お」がついて、尊敬をあらわす言い方も一般化しました。

「言う」の敬語動詞「おしゃる」は室町時代に現れました。「おほせらるる＞おせらるる＞おしらる＞おしゃる」のように変化したものと考えられます。これも当時優勢であった「お…ある」という形式への類推が働いています。

助動詞「る」「らる」は尊敬に用いられましたが、一段高い敬意を表すには「す」「さす」に続けて「せらるる」「させらるる」が使われました。これは「しらるる」「さしらるる」ともなりました。

この事をいかにと問はせらるれども（伊曽保物語「イソポが生涯の物語略」）

あの犬にばかりここかしこで追はれさせらるるは（伊曽保物語「鳥と、子の事」）

② 謙譲

謙譲表現では、「まうす」「いたす」などの謙譲動詞を使う場合と、それを補助動詞として使う場合とがありました。

「まゐらする」と、それからできた「まらする」が、後に「まるする＞まっする」を経て

「ます」になったと考えられています。

夏の暑さを慰めまらするところに（伊曽保物語「イソポが生涯の物語略」）

③ 丁寧

丁寧表現には、謙譲語の「さふらふ（候）」から転じた「さう」「そう」「す」や「まらする」「まする」、尊敬語から転じた「ござある」「ござる」「おぢゃる」「おりゃる」などが使われていました。

「ござある」「ござる」は「おはします」に漢字「御座す」を当ててそれを音読してできた語、「おぢゃる」は「おいである」から、「おりゃる」は「お入りある」からできた語です。

丁寧語が発達したのは、この時代の大きな特色です。

室町時代の末期になると「さうらふ（候）」が「さぶらふ（候・侍）」を圧倒して使われましたが、口語では用いられず、書簡などもっぱら書き言葉として使われました。この語は盛んに使われたこともあって形が崩れ、「さう・そう・ざう」などともなり、「ぞろ」の形もできました。この「そう」はさらに「す」となってこれが「で」に付いた「です」が、今日一般に使われている「です」と同じ形になりました。しかし、この時代の「です」は尊大語（相手より自分を高い位置に置いて表現する語）として用いられた例が多く、現代の「です」がもっぱら丁寧語として用いられることとは性格の違いがあります。

なお鎌倉時代以降、補助動詞「さぶらふ」は女性が使用しました。

また「まゐる」は本来謙譲語ですが、特に相手を敬う意味ではなく、丁寧語として使われた例も見られます。

第6章　近代の幕開け――江戸時代の日本語

徳川幕府が成立する一七世紀初頭から、大政奉還（一八六七）と明治維新によって徳川幕府が幕を下ろす一九世紀半ばまでの、およそ二六〇年間を江戸時代といいます。また、中世に対して近世ともいいます。

徳川幕府を頂点として、各地の大名がそれぞれの領地で、ある程度独立した統治をおこなう「藩」があるという「幕藩体制」によって政治が行われました。これは「封建制度」といわれる政治・社会体制です。

関が原の戦い（一六〇〇）に勝利して天下の実権を握った徳川氏が、一六〇三年に関東の江戸に幕府を開いたので、政治の中心は江戸に移りました。しかし、文化の中心はまだ京都にありました。

政治の実権は武士階級に握られていたので、庶民は政治的にはほとんど無力でしたが、経済的には次第に実力をもつようになり、その安定した経済生活を基盤に、庶民は独自の文化を創造し、育て上げていきました。

藩の経済は米などの現物を納めさせる年貢を基盤にした石高制《こくだかせい》によっていたので、年貢米を販売することで藩の経済を支えていたのです。その米の販売に関わる商人たちは重要な役割を担っていたので、次第に特権的な地位を得るようになりました。

江戸時代は、およそ宝暦（一七五一―六四）ごろを境にして、前期と後期に分けて考えることができます。

文化の面では、前期は京都が中心でしたが、後期には江戸にも独自の新しい文化が生まれ発展しました。

文学の面からみれば、前期は元禄《げんろく》期（一六八八―一七〇四）を中心とした上方《かみがた》の時代であり、後期は明和・安永期（一七六四―八一）および末期に近い文化・文政期（一八〇四―三〇）を中心にした江戸の時代です。

言語の面では、前期は鎌倉・室町時代の名残をとどめていて、京都の言葉が中心の時代でしたが、後期は近世語（江戸時代の日本語）としての特色を見せるようになり、江戸語中心の時代となって、現代語につながる姿となりました。

各地は藩によって統治されていたので、地域による言葉の相違が進行しました。幕藩体制が方言を発達させたのです。

一 【性格】多様化する言葉

江戸時代には、書き言葉と話し言葉の差、地域による言語の差、階層による言語の差などが顕著となりました。そのなかでも上方語と江戸語との対立、武士の言葉と町人の言葉の対立が特徴的に現われました。

地域的な対立は、上方と江戸、都市と地方、という形で現れました。都市と地方の対立はどの時代でもあることですが、上方と江戸との対立は江戸時代の特徴です。

また、武士と町人では、生活様式にも生活理念にも違いがあり、受けた教育にも差がありました。これを反映して、武士の言葉と町人の言葉には違いがありました。例えば、一人称の「拙者」は武士の用語であって、町人は使いませんでした。武士の言葉は、主君の面前、公式の場、家来の前、自宅など、場面によって言葉づかいが異なり、武士同士でも、上層の旗本と下層の御家人《ごけにん》とのあいだでも、言葉が違っていたともいわれます。

その他、特殊な集団の中で話される言葉があり、女房詞（→一〇八頁《ページ》）の流れを汲《く》む女中言葉や、遊里で遊女が使った廓言葉《くるわことば》は、一般社会の言葉にも影響を与えたことが注目されます。

こうして江戸時代は、それ以前の時代に比べて言葉の形態が多様化しました。

1　江戸時代前期―上方語時代

前期のそのまた前半の万治・寛文（一六五八―七三）ころまでは口語資料が少なくて、よくわからないところがあります。資料には咄本《はなしぼん》『醒睡笑《せいすいしょう》』（一六二三）や『きのふはけふの物語』（一七世紀前半）などがあります。

元禄（一六八八―一七〇四）以降から上方語としての特徴が現われ、近松門左衛門の世話物浄瑠璃《じょうるり》（『曽《そ》根崎心中《ねざきしんじゅう》』『冥途《めいど》の飛脚《ひきゃく》』など）に見られます。

後期の上方語、ことに文化・文政期（一八〇四―三〇）の上方語になると、前期の上方語とはかなりの違いが生じ、洒落本《しゃれぼん》・咄本・歌舞伎台本などに当時の言葉が残されています。

なお、前期の東国語資料には『三河《みかわ》物語』（一六二六年ごろ成立）、『雑兵《ぞうひょう》物語』（一六八三年以前の成立）などがあります。関東地方の日常の話し言葉で書かれているという『雑兵物語』の一部を紹介しましょう。

はしるへいと思ふときは、柄立《えたて》かわへつつはめて持べい。押前《おしまえ》かしづかたに、請筒《うけづゝ》につつはめへい。今日は風がひにつよひは。手縄《てなわ》をかけてひつはるべい。いそかしくなつたら馬印《うまじるし》も旗も一ツになつてこねあふべい。長柄《ながえ》を以《もつ》て敵をは突《つき》はらふべい。

（「旗差馬験持」）

助動詞「べき」の音便形「べい」が多用されています。終助詞的な用法が見られ、東国語の特徴とされています。「がひに」は程度のはなはだしいさまをいう副詞です。

他には、一七世紀半ば過ぎのころ、異様な風体で江戸市中を徘徊《はいかい》した六方組と言われる者たちが使っていた「六方言葉（奴《やつこ》言葉）」などが、わずかに知られています。

2　江戸時代後期―江戸語時代

明暦（一六五五―五八）ころまでは、江戸は各地の方言の雑居状態であって、江戸語としてのまとまりはまだありませんでした。ロドリゲスが『日本大文典』の「ある国々に特有な言ひ方や発音の訛《なまり》に就いて」の条で、都《みやこ》である京都の言葉に対して、関東（坂東）の言葉としてとらえていたことがわかります。そこには

「一般に物言ひが荒く、鋭くて、多くの音節を呑《の》み込んで発音しない。又これらの地方の人々相互の間でなければ理解されない。この地方独特で粗野な語がたくさんある。」

（土井忠生訳）〈p 612〉

と述べて、「読むべい Yomubei」、「習ふべい Narŏbei」ほかの「べい」が付く語を挙げ、打消しには「ぬ」の代わりに「ない」を使うと述べて、「読まない Yomanai」、「習はない Narauanai」ほかの例を挙げています。その他にも京都と違う語を用いることや発音の違いなどを述べています。

宝暦（一七五一―六四）以降になると、洒落本（『遊子方言』『辰巳《たつみ》之《の》園《その》』など）や咄本（『無《ぶ》事《じ》志《し》有《う》意《い》』など）によって江戸語の形成期の姿をうかがい見ることができます。このころの江戸語は文化文政期の江戸語に比べて上方語的な特色が多く、のちの江戸語の特色とされたものが、まだ明確には現われていないといわれます。

文化文政期の言葉は、滑稽本（『東海道中膝栗毛《ひざくりげ》』『浮世風呂』『浮世床』など）に、天保（一八三〇―四四）以降の言葉は人情本（『春色梅児誉美《しゅんしょくうめごよみ》』『仮名《かな》文章娘節用《まじりむすめせつよう》』など）に見られます。

また、一八世紀後半になるとブラウンやヘボンをはじめとする外国人の日本語研究が盛んになり、彼らの残した著作にも幕末期の江戸語が記録されています。

3　上方語と江戸語

式亭三馬の滑稽本『浮世風呂』（一八〇九―一〇）の「女中湯之《の》巻」には、お山という江戸の女性が上方の女性と、江戸言葉と上方言葉について論争する場面があります。次はその論争の一部です。

上方「へ、、関東《くわんと》べいが。さいろくをぜへろくと、けたいな詞《ことば》つきじやなア。お慮外《りよぐわい》も、おりよげへ。観音《くわんおん》さまも、かんのんさま。なんのこつちやろな。さうだから斯《かう》だからト。あのまア、からとはなんじやヱ」

お山「『から』だから『から』さ。故《ゆゑ》といふことよ。そしてまた上方《かみがた》の『さかい』とはなんだへ」

上方「『さかい』とはナ、物《もの》の境目《さかひめ》じや。ハ。物《もの》の限《かぎり》る所が境《さかい》じやによつて、さうじやさかいに、斯《かう》した境《さかい》と云《いふ》のじやはいな」

お山「そんならいはうかへ。江戸詞《えどことば》の『から』をわらひなはるが、百人一首《ひやくにんし》の哥《うた》に何《なん》とあるヱ」

上方「ソレ〳〵。最《も》う百人一首《ひやくにんし》じや。アレハ首《し》じやない百人一《ひやくにん》、首《しゆ》じやはいな。まだまア『しやくにんし』トいはいで頼母《たのも》しいナ」

双方互角に渡り合っていて、この論争は、まだまだ続きます。

同じ『浮世風呂』の「男湯之巻」には、

○江戸者《えどもの》の商人《あきうど》は言《ことば》するどく、上方者《かみがたもの》の買手《かひて》は言《ことば》やさしく聞《きこ》ゆるゆゑ、物蔭《ものかげ》より立聴《たちき》けば、売人《うりて》と買人《かひて》と取違《とりちがへ》さうなり。

と、江戸者と上方者との話し方の違いが書き記されています。

この時代の人々が、江戸語と上方語の違いを意識していたことがわかります。

二　【音韻】音が減る

1　発音の変化

江戸時代の発音には次のような変化が起こりました。

(1)「じ・ぢ」「ず・づ」（四《よ》つ仮名《がな》）の混同が進む
(2) 開音と合音（↓九九頁以降）の区別が消滅する
(3) 合拗音《ごうようおん》が直音《ちょくおん》化する

「じ・ぢ」と「ず・づ」は、江戸時代に区別ができなくなりました。現代の私たちもできません。

「孝・香」の音はカウ（開音）、「口・工」の音はコウ（合音）という区別がありましたが、これも江戸時代には区別できなくなりました。

合拗音とは、「火」「画」の音クヮ［kwa］、グヮ［gwa］のように「ヮ」を添えて表わされる音のことで、一音として発音されます。室町時代まではカとクヮ、ガとグヮは別の音として区別されていましたが、江戸時代になってからクヮは直音のカに、グヮもガと発音されるようになりました。それでも丁寧な言葉づかいでは、使い分けることが意識されていたようです。

これらの変化はいずれも江戸時代に完成しました。そのために、室町時代に比べて音の数がへりました。その結果、同音異義の言葉が増え、仮名づかいにも新たな問題が生じました。音の数が減った一方で、新たに加わった音もありました。それはガ行鼻濁音とエ段の長音などです。

2　母音

①　母音の無声化

現代東京語の特徴の一つに、母音の無声化があります。ワタ㋗シのク、マイリマ㋛タのシの母音［u］［i］がほとんど聞き取れなくなる現象です。

これがいつごろから始まったのかはっきりしませんが、コリヤード『日本文典』（一六三

二年刊）に

ゴザル　gozaru　が　gozar　に、

ヒトツ　fitiçu　が　fitotç　に

葦《あし》の原　axino fara　が　axno fara

に聞こえる、と書かれています。これが無声化について書かれた最も早いものとされています。

②　エ・オの発音

エ・オが単独で音節を作るときに、室町時代までは［je］［wo］であったと考えられます。『日葡辞書《にっぽじしょ》』では「Yeboxi（エボシ烏帽子）」のようにすべて「Ye」と書かれています。これが、江戸時代には現在と同じ［e］［o］となりました。

③　連母音の音訛《おんか》

［ai］［ae］［oi］［oe］［ie］［ei］などが［eː］と、エ段長音に発音されるようになりました。「大概　たいがい→テーゲー」「大分　だいぶ→デーブ」「世界　せかい→セケー」「最後　さいご→セーゴ」「張り合い　はりあひ→ハリエー」などの［ai］が最も多く、［ae］の「帰る　かへる→ケール」「蛙　かへる→ケール」、［oi］の「一昨日　おととひ→オトテー」、［oe］

の「何処へ　どこへ↓ドケー」、[ie]の「教える　おしえる↓オセール」、[ei]の「稽古　けいこ↓ケーコ」「丁寧　ていねい↓テーネー」などがあります。これは下層の人や教養の低い人の話し方に見られました。

3　子音

①　ガ行鼻濁音

現代ではガに[ga]と[ŋa]とがあります。江戸時代にもこの使い分けがありました。ガ行鼻濁音は音声記号で[ŋa／ŋi／ŋu／ŋe／ŋo]で表されます。現代の東京地方で「かがみ」「かぎ」「にんげん」「たまご」などの「が」「ぎ」「げ」や「ご」などです。

三馬の『浮世風呂』に、

うなき゚　にこ゚りさけ　うったまけ゚だァ

などガ行の音に「゜」を付けた特別の仮名文字を使って、田舎者の言葉を写していますが、これは[g]を表していると考えられています。これを三馬の「白圏」と呼ぶことがあります。これは単に[g]を表すのではなく、[ŋg]を表すとする坂梨隆三説があります。

②　サ（シャ）行音、ザ（ジャ）行音

サ行・ザ行のセ・ゼは、室町時代の京都ではシェ［ʃe］ジェ［ʒe］でした。これが江戸時代になって現在と同じ［se］［ze］になったと考えられています。

ロドリゲス『日本大文典』には、関東ではすでに室町時代から［se］［ze］だと書かれています。上方で［se］［ze］になったのは、元禄（一六八八―一七〇四）以降だったようです。

拗音シュ・ジュが直音シ・ジと発音されるようになる現象は、江戸時代前期の上方語で見られました。方言集『片言《かたこと》』（一六五〇刊）では京都で

珊瑚樹《さんごじゅ》　サンゴジ　　手裏剣　シリケン　　首尾　シビ

その他の例が挙げられています。

これらの他に江戸時代後期の江戸語には、

子供衆　コドモシ　　亭主　テイシ　　千住　センジ

などの例があります。

これとは逆に、

師匠　シュシャウ　　天竺《てんじく》　テンジュク　　湿気　シュッケ

など、直音の語が拗音で発音されたものもありました。

③「じ・ぢ」「ず・づ」（四つ仮名）の混同

ジ・ヂ、ズ・ヅの区別は、室町時代に京都で乱れ始め、元禄ごろには区別がすっかり失われてしまいました。ヂ［dʒi］（破擦音）は［ʒi］（摩擦音）に統合され、ヅ［dzu］（破擦音）はズ［zu］（摩擦音）に統合されました。

このため仮名遣いにおいて、四つ仮名（↓一〇一頁）の使い分けという新たな問題が生じました。これは現在の「現代仮名遣い」にまで尾を引いています。

④ヒとシ

ヒとシが紛れるのは江戸訛の特色であったようです。先に触れたように、上方の女性が江戸の女性に百人一首を「まだまア『しやくにんし』トいはいで頼母しいナ」と言っているところがあります。この作品にはほかに、「ムシツ（無筆）」「シガクレル（日が暮れる）」などの例が見られます。庶民の間では「シドイ（ひどい）」「シシャク（柄杓《ひしやく》）」などとも言っていました。

三【表記】漢字が庶民に普及

鎌倉・室町時代に比べると、教育は一層普及しました。江戸時代の武士は一通りの教養を身につけていましたし、寺子屋などでの庶民の教育も進んで、文字の読み書きが全くできない人は減少しました。

1　漢字

徳川幕府は封建制度維持の思想的基盤として儒教（中国の孔子が説いた考え方を尊重した思想）中心の文教政策を採用したこともあって、漢字を正式な文字として尊重する風潮は、鎌倉・室町時代に劣らず強く、漢字・漢語の知識は武士階級だけではなく、庶民の間にも広がりました。

しかし、漢字の読み書きは容易なことではなかったようで、漢字を使って文書を書くための各種の節用集のような辞書が何種類も作られました。そういう実用的な辞書を必要とする人が多かったのです。

当て字が増加し、国字（日本で漢字の構成法に倣《なら》って作られた文字）が増え、異体字や俗字も多用されました。庶民向けの読本《よみほん》や人情本にも漢字がたくさん使われ、そこには振り仮名が振られていました。

なお、「句゛共をあつめ」のように、漢字に濁点をうって「句ども」と読ませる書き方も行われました。室町時代から仮名に濁点をうつ例が見られましたが、それが漢字にまで及んだのです。

漢字の書体は、漢籍（漢文の書物）には楷書体《かいしょたい》が使われましたが、その他の仮名草子《かなぞうし》・浮世草子・俳書など通俗的な文学書では行書体《ぎょうしょたい》や草書体が使われました。浄瑠璃本・歌舞伎狂言本・歌謡書などでは行書体であっても、一種独特な書体でした。

漢字の書体のうち、唐様《からよう》の書体は黄檗宗《おうばくしゅう》の隠元・木庵《もくあん》などの禅僧が渡来してから一部で行われるようになり、元禄ころから日本人にも唐様書風を身につけた者が現われて、漢字を尊重する知識層の間に普及しました。

一方、和様の書風は江戸時代初期に、三藐院《さんみゃくいん》（近衛《このえ》信尹《のぶただ》）・本阿弥《ほんあみ》光悦《こうえつ》・松花堂昭乗《しょうかどうしょうじょう》の「寛永の三筆」といわれる人たちの他に何人もの書家が現われ、歌人・俳人・国学者などがこれを尊重して使用しました。

江戸時代の公文書を書くときに用いられた「御家流《おいえりゅう》」と呼ばれる一派がありました。これは鎌倉時代末期に、伏見天皇の息子青蓮院《しょうれんいん》尊円法親王が創始した和様書道の一派で、青蓮院流（尊円流・粟田《あわた》流とも）が江戸時代に大衆化し、実用書体となったものです。

2　仮名

ひらがなは広く使われて現代の字体とほぼ同じものになりましたが、変体仮名がかなり使われていました。

カタカナは、マ（万）、セ（せ）、ネ（子）などを除けば、現代の字体とほぼ同じになりました。

カタカナは古くからの習慣で、事務的な記録や、漢字の読み方を示すときなど、特殊な場合に多く使われました。

漢学者や儒学者の学問的な著述や随筆には、カタカナ交じり文が多く見られます。また、黄表紙・洒落本など小説類では、感動詞・擬声語・終助詞などにもカタカナが使われています。

3　ローマ字

室町時代末期に、キリシタン宣教師によって伝えられたポルトガル語式ローマ字は、キリスト教禁教によって姿を消しました。

江戸時代後期には、オランダ語で西洋の学術・文化を学び研究する蘭学《らんがく》が起ってオランダ語式ローマ字綴《つづ》りが用いられ、また幕末には英語流のローマ字綴りが現われたりしましたが、一般に広まったわけではなく、日本人によってまとまって用いられた資料は残っていません。

4　仮名遣い

鎌倉時代・室町時代から江戸時代にかけて生じた、四つ仮名（↓一〇一頁）の混乱、開音と合音（↓九九頁以降）の区別の消滅、合拗音の直音化（↓一二九頁）など発音の変化の影響で、仮名遣いが乱れました。

四つ仮名の使い分けを説いた『蜆縮涼鼓集《けんしゆくりようこしゆう》』（一六九五）が作られているのも、これらの使い分けが難しくなっていたことによります。（因《ちな》みに、この本の書名は、使い分けの必要な「しじみ（蜆）・ちぢみ（縮）・すずみ（涼）・つづみ（鼓）」の四語に依《よ》っています。）

仮名遣いは鎌倉時代・室町時代以降、定家仮名遣い（↓八七頁）が規範的なものとされていましたが、国学者で歌人の契沖《けいちゆう》（一六四〇―一七〇一）が定家仮名遣いに疑問を持ち、奈良時代から平安時代中期までの古典を研究して『和字正濫鈔《わじしようらんしよう》』（一六九三）を著して、いわゆる歴史的仮名遣いの基準を実証的に示しました。これを「契沖仮名遣い」と呼んでいます。

この説は国学者・歌人の楫取魚彦《かとりなひこ》（一七二三―一七八二）などによって補訂され、国学者には用いる人もいましたが、多くは定家仮名遣いを使用していました。江戸時代の後期になって、国学者の本居宣長《もとおりのりなが》（一七三〇―一八〇一）や村田春海《むらたはるみ》（一七四六―一八一一）などによって理論づけがなされました。（明治になってから国定教科書に採用されたのは、契沖仮名遣いのほうで、これが標準的なものとなりました。）

江戸時代においては、仮名遣いについての明確な標準はありませんでした。一般には仮名遣いなどにはまったく無頓着で、定家仮名遣いとも契沖仮名遣いともつかず、さりとて発音通りでもない、きわめて自由奔放な書き方でした。

5 送り仮名・振り仮名

送り仮名は一般に現代より少なくて、「おみよやお秀《ひで》を呼《よび》にやらんか」（洒落本・遊子方言）のように、振り仮名のなかに送り仮名の分まで書かれている例が見られます。

江戸時代の表記を見ると、振り仮名にさまざまな機能を担わせて用いられています。次のような芝居などの外題《げだい》（正式の題名）は、その極端な例です。

双蝶々曲輪日記《ふたつてふてふくるわにつき》　浄瑠璃・竹田出雲《いずも》ほか合作
伽羅先代萩《めいぼくせんだいはぎ》　歌舞伎・初代奈河亀輔《ながわかめすけ》作

作者がこう読んでくれという振り仮名で、動詞の送り仮名も助詞の「の」も振り仮名のなかに書かれています。

天衣紛上野初花《くもにまごううえののはつはな》　歌舞伎・河竹黙阿弥《かわたけもくあみ》作
再春菘種蒔《またくるはるすずなのたねまき》　清本「舌出三番叟《したださんばそう》」

戯作《げさく》の題名にも、

根南志具佐《ねなしぐさ》　滑稽本・風来山人（平賀源内）作
莫切自根金生木《きるなのねからかねのなるき》　黄表紙・唐来参和《とうらいさんな》作
稗史億説年代記《くさぞうしこじつけねんだいき》　黄表紙・式亭三馬作

など、振り仮名がなければ到底読むことができません。

また、国学者・読本作者の上田秋成（一七三四―一八〇九）は、振り仮名に特別な効果を期待して使っています。

烈婦《さかしめ》　秀麗《みやびやか》　媒氏《なかだち》　親族氏族《うからやから》　妓女《あそびもの》　行儀《ふるまい》

振り仮名の形式をとっていますが、その語の意味や説明になっています。

　このほかに、漢字の左右に振り仮名を施したものもあります。怪談集『奇説雑談』（一八五八刊）では、右側に読み仮名を与え、左側には注釈的な記述を、また右側には音、左側には訓を書くなどして、振り仮名以上の機能を発揮させようとしたことが見て取れます。その例をいくつか掲げます。

衆《しゆう》《もろもろ》　撫《ぶ》《なつけ》　関西《くわんせい》《さいこく》　業績《きやうせき》《みもち》　声誉《せいよ》《なのきこえ》　煙霞泉石《えんかせんせき》《さんすいのふうけい》　草廬《さうろ》《あんしつ》

四　【語彙】漢語の定着

1　漢語

①　漢語の一般化・通俗化

徳川幕府は文教政策に力を入れ、江戸には幕府直属の学問所を設けて、おおいに学問を奨励しました。これにならって各藩も藩校を開き、藩士の教育に努めました。武士の子弟は一〇歳くらいから四書五経を教えられ、漢語を学びました。

四書は、儒教の根本経典とされる「大学」「中庸」「論語」「孟子《もうし》」の総称です。これに書かれた文を、意味を考えることなく声を出して読むことを「素読《そどく》」といいます。

五経は、「易経《えききよう》」「書経」「詩経」「礼記《らいき》」「春秋《しゆんじゆう》」の総称です。儒教で、人が守るべき五つの教えとされます。

鎌倉時代・室町時代に比べて、庶民も教育を受ける機会が増加しました。その多くは寺子屋その他の私塾でしたが、許されて藩校に入学する者もいました。庶民の教育は往来物や、『童子教《どうじきょう》』『実語教』などを教科書とする実用的教育が主でした。

往来物とは、平安時代から明治初期まで広く用いられた、庶民教育の初等教科書の総称です。はじめは書簡文の模範文例集でしたが、江戸時代には歴史・地理など、日常生活に必要な知識を教えるものとなりました。『庭訓往来《ていきんおうらい》』『明衡往来《めいこう》』『尺素往来《せきそ》』などがあります。

こうした教育がなされた結果、武士や教養層の日常用語には、漢語が相当多く使われるようになったと思われます。庶民にも実用的な漢語や仏教用語の漢語が使われるようになりましたが、武士に比べれば少なかったようです。

江戸時代では、漢語を使用することが知識階級に属することを表し、また社会的地位の象徴のように考えられていたので、無理に漢語を使って知識人ぶったり、勿体《もったい》をつけたりするようなところがありました。

こうして一般庶民が漢字・漢語に接し、日常的に使うようになると、一段と通俗化を早めました。

② 翻訳のための漢語

一八世紀になって幕府は蘭学《らんがく》（オランダ語による学問）を奨励し、自然科学や医学の書物が輸入されました。

オランダ語の書物が初めて翻訳されたのは杉田玄白・前野良沢ほかによる『解体新書』（ターヘルアナトミア）という解剖学の書物でした。この翻訳の際に、「神経・盲腸・視覚・軟骨・十二指腸・横隔膜」などの漢語による訳語が作られました。

2 和語

① 接続詞

接続詞はいつの時代でも他の品詞から転成したものが多いのですが、江戸時代には殊にいろいろな語ができました。なかでも目立つのが、代名詞「それ」がもとになっている「それから」「それで（は）」「それでも」「それなら（ば）」などです。

「さう（そう）はあれども」を「あれども」、「さう（そう）なれども」を「なれども」と指示部分を省略する言い方は江戸時代になってから多くなりました。その傾向が進んだ結果、「ぢゃ（じゃ）が」「だが」「だから」「だけれども」などが江戸時代後期に現れ、さらには「が」「でも」などまで接続詞として使われだしたのです。

② 副詞

江戸時代になって新しく加わった語がいろいろあります。殊に、「しっかり（と）」「なぜ（に）」などのように、語末についた「と」「に」を省く言い方が顕著になりました。

③ **促音化・撥音《はつおん》化**

一般に、促音化・撥音化が起こりやすい傾向がありました。殊に、江戸時代後期の江戸語で顕著に見られました。

なくって　みっともない　とっくに　さっしゃる
あんまり　おまんま　やんす

などたくさんあります。

④ **女中言葉・遊里語**

女房詞（↓一〇八頁）の伝統を引き継いでいる女中言葉が、上品な言葉づかいと考えられていました。お屋敷奉公をした町家の娘や、奥女中と接触の機会のある商家の者などを通じて、女中言葉が庶民の言葉に交じって使われるようになりました。

また、遊里で用いられた特殊な言葉があり、遊里語・郭《くるわ》言葉・里言葉・花魁《おいらん》言葉・ありんす言葉などと言われます。

当時、公認の遊女は女性としては高い教養と諸芸を身につけていました。社会的に身分の高い階層の男性を社交の対象とする存在でもあったので、出身地の方言を用いることを避けて、遊里における女性の特有の言葉づかいが発達しました。

遊女が用いた「わちき（私）」「新造《しんぞ》（若い遊女）」「初会《しょかい》（遊女が初めてその客と会うこと）」の類や、文末を「ありんす（あります）」で結ぶ表現や、「お茶を挽《ひ》く（客がなくて暇《ひま》でいる）」といった特有な言葉が発達しました。その中のいくつかは庶民の女性にも広がりました。

3　南蛮語（外来語）

江戸時代になって、通商関係があったイギリス・スペイン・ポルトガル・オランダの四カ国のうち、まずイギリス・スペインが商館を閉じて去り、ポルトガルはキリシタン禁制とポルトガル船来航禁止令（一六三九）によって関係が断たれ、オランダだけが残りました。このオランダも、長崎の出島にあったオランダ商館（蘭館）を通して行われる商取引に限られていました。

享保年間（一七一六―三六）に、宗教に関係のない書物に限り洋書輸入の禁止が緩和されるに及んで蘭学が勃興し、これに伴って自然科学関係の語をはじめいろいろな分野のオランダ語が入ってきました。

アルコール・エレキ・ガス・ガラス・カンテラ・コップ・ゴム・コーヒー・コンパス・ズック・ブリキ・ボタン・ポンプ・メス・ランドセル

この中の多くは今も普通に使われています。

今では英語から入ったと思われる語でも、実はオランダ語を経由して日本に来た語が少なくないのです。

来航禁止令で交渉のなくなったポルトガルも、

カステラ・カッパ（合羽）・カナキン（金巾）・カルタ・コンペートー（金平糖）・サラサ（更紗）・シャボン・ジュバン（襦袢）・タバコ・パン（麺麭）・ビロード（天鵞絨）・ラシャ（羅紗）

などの語を残しています。今ではあまり使われなくなったビードロ・ギヤマンもポルトガル語からです。

また、江戸時代初頭に日本を去ったスペインも、「メリヤス（莫大小）」の語を残しました。「莫大小」と漢字を当てましたが、これは「大小なし＝伸び縮み自由」の意味でした。

コラム　幕末に編纂《へんさん》された三大辞書

1　和訓栞《わくんのしおり》

国語辞書。九三巻八二冊。谷川士清《たにかわことすが》（一七〇九―七六）著。一七七七―一八八七年刊。前編は古語・雅語、中編は雅語、後編は方言・俗語と補遺。語数は約二万。仮名書きの見出し語は第二音節まで五十音順に配列されている。

見出しの語に語釈を与え、出典・用例を添える。江戸時代の代表的な国語辞書とされる。

2　雅言集覧

国語辞書。五〇巻二一冊。石川雅望《まさもち》（一七五三―一八三〇）著。「い―な」は一八二六―四九刊、「ら」以下は未刊で写本で伝わる。

和歌や文章を作る際に規範とすべき雅語を集めて、いろは順に配列。平安時代の仮名文学を中心に、用例を選び、語彙《ごい》も用例も非常に豊富で、出典の丁数を示していることでも優れている。

3　俚言《りげん》集覧

国語辞書。二六巻九冊。太田全斎（一七五九―一八二九）編著、一八世紀末から一九世紀初めころの成立と考えられ、写本で伝わる。

『雅言集覧』に対して、俗語・方言・諺《ことわざ》を集めた辞書で、雅語を重んじ口語を軽んじる傾向のある当時としては、画期的な辞書だった。配列が独特で、五十音図の段の順序（ア・カ・サ・タ・ナ・ハ・マ・ヤ・ラ・ワ・イ・キ・シ・チ・ニ…）になっている。

五　【文法・語法】豊かになる待遇表現

江戸時代の日本語は、近代語としての形を整える時期にありました。

1　二段活用の一段化

前期上方語では一段活用と二段活用の両方が使われていました。場面・身分・性別・階層・教養や語の長さなどにより、一段化の度合いが異なっていました。「得る」「寝る」「出る」など語幹が一音節の動詞は語幹が二音節以上の動詞より一段化が早く進みました。

関東では京都より早く一段化が進み、後期には一段活用が普通になりました。二段活用の一段化により、上二段活用と下二段活用が消滅し、現代と同じになりました。

2 ナ行変格活用の四段化

中世において終止形と連体形の合一が起きた（↓一一二頁）結果、ラ行変格活用は四段活用となりましたが、江戸時代にはナ行変格活用も四段活用となりました。

これらの変化の結果、動詞の活用の型は、現代と同じ五種類となりました。

3 ラ行四段動詞の命令形

ラ行四段活用の動詞「なさる」「くださる」などの命令形に、「なさい」「ください」の形が生まれました。これは他の動詞にはない形です。

4 サ行変格活用の四段化・上一段化

サ行変格活用の動詞「愛す」「訳す」などが四段活用になりました。

また、「案ず」「通ず」などが「案じる」「通じる」となって上一段活用になりました。

5　条件法の変化

条件法には、確定条件と仮定条件との二通りがありました。確定条件は「已然形《いぜんけい》＋ば」、仮定条件は「未然形＋ば」で表しました。

行け＋ば　（行ったから）……確定条件
行か＋ば　（行ったなら）……仮定条件

このように分かれていた用法が、後期になると確定条件を表す「已然形＋ば」の用法が衰退して、この形が仮定条件を表すのが一般的となり、已然形は仮定形と呼ぶべきものに変わりました。

現代では、右の例でいうと「行けば」が「行ったなら」という仮定条件を表し、「行かば」は使われなくなっているので、確定条件は「行ったから／行ったので」のように表現します。

もう一〇分早く行けば間に合ったのに。
いつもより早く行ったので遅刻しなかった。

6　可能動詞

可能動詞とは、四段活用の動詞が下一段活用に転じて、その動詞の表す動作が「できる」

という意味を表すようになったものです。例えば、「読む」が「読める（＝読むことができる）」、「書く」が「書ける（＝書くことができる）」となる類です。可能動詞には命令形がありません。

可能動詞の発生は一六世紀のことですが、あまり一般的には用いられなかったようです。江戸時代になっても四段活用の未然形に助動詞「れる」をつけて可能を表す言い方が多く、可能動詞が広く用いられるようになったのは明治以降のことです。

7　助動詞

使われなくなった助動詞があり、形を変えた助動詞もあります。

打消しの過去には「なんだ」が使われ、天保（一八三〇―四四）ごろからは「なかった」が現われました。

様態・推量の「そうな」には宝暦（一七五一―六四）のころから伝聞の意味が加わりました。

意志・命令・勧誘などの意を表す「よう」が独立した助動詞になりました。四段（五段）活用の動詞には「う」がつき、それ以外の活用の動詞には「よう」がつくというように、接続の仕方を補い合うような用法が一般的になるのは、この時期以降のことです。助動詞にも接続します。

早く行かう。

連れ立って来ようものを。

敬語の助動詞には、江戸時代だけに用いられたものが多く、「しゃる」「さしゃる」「やしゃる」「しゃんす」「さしゃんす」「やしゃんす」「んす」「さんす」「やんす」「やす」「やる」などがあります。

8　助詞

格助詞の「が」が主格を表し、「の」が所有格を表すようになり、「が」と「の」の用法が現代に近づきました。

順接の接続助詞「ゆゑに」「さかいに」「で」「ので」「から」、逆接の接続助詞「が」「けれど」などがさかんに使われるようになりました。

感動を表す終助詞・間投助詞では、上方の「いの」「わいの」「いのう」「いな」、江戸の「ぜ」「ぜえ」「ね」「ねえ」「さ」などが特徴的です。

9　待遇表現

①　接頭語

「ぎょ」「み」は「御感《ぎよかん》」「御製《ぎよせい》」「御物《ぎよぶつ》」「御意《ぎよい》」「御慶《ぎよけい》」「御心《みこころ》」「御子《みこ》」など特定の語につくようになり、天皇・貴人あるいは尊敬すべき人に関して使われました。

「お」「ご」は自由に使われました。「お」は和語につき、「ご」は漢語につくのが一般的でしたが、しだいに「お」が漢語（字音語）にもつけて使われるようになりました。「お」のほうが勢力が強く、「お一人」「お二人」「おいくつ」など数詞にもつくようになりました。現在では「お天気」「お弁当」「お元気」など「お」しかつかない漢語（字音語）もあります。

丁寧語の「お」がさかんに使われるようになりました。

形容詞にも「お早いお着き」「お恥ずかしい」「お美しい」「お若い」など、「お」をつけて使うことも自由になりました。

形容動詞にも「お静かに」「お上手ですね」などと「お」をつけて使いました。

まれに、「お呉《く》れでないか」「お出《い》でる」など動詞について使われることがありましたが、これは限られた語だけでした。「お知る」という珍しい例もありました。

② 接尾語

「様（さま）」が最も広く使われました。やがてこれが「さん」になりました。「さん」は親愛の気持ちが強かったようで、目上の人に対しては使われなかったようです。

「さん」が促音に続くときには「つぁん」となり、「とっつぁん」「はっつぁん」などと言われました。

「殿（どの）」は、名前や官職名につけて尊敬を表しましたが、「様」に比べて敬意が低下していたようです。この「どの」が「どん」となり、奉公人に対してだけ名前に添えて使われるようになりました。

③ 代名詞

一人称で、前期上方でよく用いられていたのは、「われ」「われら（単数）」「おれ」「わし」「わたくし」などでした。

「それがし」「みども」は主に武士が用いました。

江戸では、「おら」「おいら」「こちとら」「こちら」「こっち」「わたい」などでした。

女性は、「わらは」「わたし」「わっち」、江戸の遊女・芸妓《げいぎ》は「わちき」などを用いました。

それぞれ敬意の段階に応じて使い分けられて、江戸時代後期の一人称の場合

わたくし→わたし→おれ→おいら

の順に敬意の段階があったようです。

また二人称では、

上方：おまえ→こなた→そなた→そち→おのれ

江戸：あなた→おまえさん→おまえ→おめへ→てめへ

のような順だったようです。

なお、「おれ」は現代と異なって卑俗ぞんざいな言葉ではなく、貴賤《きせん》男女の別なく用いられましたが、江戸時代末期からは一般に女性には用いられなくなりました。

④ **表現形式**

尊敬表現　「（お）…なさる」は敬意が高く、「お…だ」がその次でした。

謙譲表現　「お…申す」「お…いたす」などがあり、「お…する」も増えました。

丁寧表現　助動詞「ます」が用いられ、江戸時代末期には「です」が広まりました。

「ござある」は室町時代には高い敬意を表す語でしたが、江戸時代になって丁寧語になり「ます」がついて「ござります」が使われ、江戸時代後期には「ございます」となりました。

これは軽い敬意を表したのですが、広く使われるようになると「ござりやす」「ござりんす」

「ござんす」「がんす」「ごんす」「ごっす」「げす」などと形を変えて、階層を問わず使われるようになりました。

六　【文章・文体】言文が二分化する

江戸時代における文章・文体の最も大きな特徴は、言文二途に分かれる傾向が顕著に見られることです。

1　漢文体

幕府は漢学を奨励したので、漢文形式が最も高級な文章形式と考える傾向を強めました。公式の文章はすべて漢学者の手によって起草され、学問的な文章も漢文形式で書かれました。

水戸で編纂《へんさん》された『大日本史』は、はじめ儒学者三宅観瀾《みやけかんらん》（一六七四―一七一八）が国文（日本語の文章）で書くことを主張しましたが、漢文で書くことを支持する人が多く、結局漢文で書くことになりました。

頼山陽（一七八〇―一八三二）が著した『日本外史』『日本政記』のような通俗的史書すら漢文によって書かれています。これを見ても当時の文章に対する考え方や好みが推察されます。

2 記録文体

鎌倉時代・室町時代以来の記録文の文体は、江戸時代の法令文、お触書《ふれがき》、公用文等に用いられました。もともと記録文の文章は、平安時代以来の公私の日記文や書状文の系統を引くものでした。漢文形式の崩れたもので、鎌倉幕府の編年体の史書『東鏡《あずまかがみ》（吾妻鏡）』に最も著しい特徴が見られます。

この系統を引くものに、書状文いわゆる「候文《そうろうぶん》」があり、明治以降もこの文体は盛んに用いられました。さすがに現在では、年配者でも候文の書状を書くことのできる人は稀《まれ》になりました。

3 和文体

国学（↓一六二頁）がおこり、古文の研究が盛んになるにつれて、国学者は平安時代の文章を書き言葉の規範として、用語や文法なども平安時代のようにしようと努めるようになりました。多くの古文の注釈をはじめとして、学問的な著述あるいは随筆などが和文体で書かれました。

松永貞徳《ていとく》（一五七一―一六五三）や北村季吟（一六二四―一七〇五）などは和文脈の文章を書き、賀茂真淵《かものまぶち》（一六九七―一七六九）や本居宣長（一七三〇―一八〇一）になると一層洗練されて、「擬古文」と呼ばれる文体に発展しました。擬古文は「雅文」と呼ばれることもあります。真淵の『万葉考』『語意考』『国意考』に始まり、宣長の『玉勝間《たまかつま》』『初山踏《ういやまふみ》』、橘千蔭《たちばなちかげ》の『うけらが花』。清水浜臣《はまおみ》の『泊洦《ささなみ》筆話』などがよく例に引かれます。これらの擬古文は、形式は整っていますが、生気に乏しいところがあり、国学者以外はほとんど用いる人はいませんでした。

4　和漢混交文体

和文と漢文の用語・表現を活用した文体で、鎌倉時代から発達し、種々の文体のなかで最も広く行われました。漢学者の啓蒙《けいもう》的な著述や随筆などから、戯作にいたるまで、この文体による作品が多く見られます。

それらのなかには漢文訓読調の強いものもあれば、和文調の強いものもあり、また話し言葉を多く交えたものなど、その形式はいろいろです。

この文体は江戸時代には広く用いられ、明治以降の現代文にも大きな影響を残しました。

5　口語文

文語文に対して、当時の話し言葉をそのままに写し出そうとした口語文（俗文）というべき文章形式がありました。洒落本・人情本などに見られる文体で、浄瑠璃・歌舞伎・黄表紙の会話部分も同様の形式のものがあります。この中には、上方・江戸以外の方言を写したものもあります。

そのほか心学（儒教・仏教・神道を融合させて平易に道徳の実践を説く）関係の道話（道理を説いた訓話）や仏教関係の法語（仏教の教義を説いた言葉）にも、話し言葉を写したものがあります。これらは当時の話し言葉を知るうえで大変貴重です。

その一つに『鳩翁道話《きゅうおうどうわ》』（一八三五―三九刊）があります。これは柴田鳩翁（一七八三―一八三九）の道話を養子の遊翁が筆録したもので、次にその一部を紹介します。

道とは古人の曰く、「道ハナホ大路《たいろ》ノゴトシ」と、江戸へ行くも長崎に行くも、表へ出るも裏へ出るも、隣へ行くも雪隠《せついん》へはいるもみなそれぞれの道がある。もし道を行かぬと屋根越《やねごし》をしたり溝へ陥《はま》ったり、野越山越《のごしやまごし》とっけもないところへうろたえまする。

（『鳩翁道話』東洋文庫一五四、平凡社）

6　多様な文章・文体

江戸時代の文章の文体は多種多様です。これは学問の興隆と文化が発展した結果でした。当時の知識人はこれらの文体のいくつかを身につけていて、目的や内容によって漢文を書き、和文を綴り、ときには和漢混交文で文章を書くことができるという素養が要求されたのでした。

七　江戸語と方言

関東を中心とする東国語は、長い間「舌訛《したをだ》みたる言葉」と卑しめられてきました。中世になると武士階級の勢力が強まるのとともに、東国語もやや勢力を強めて、上方語に多少影響を及ぼしましたが、中央語としての京都語の地位は揺るぐことなく、この状態は江戸時代前半まで続きました。元禄時代（一六八八―一七〇四）に上方では井原西鶴や近松門左衛門などによって数多くの文学作品が発表されましたが、これは京都中心の上方語が優位にあったことを示すものともいえます。

これが江戸時代の後期になると大きく変化します。

江戸に幕府が開かれて以来、江戸は城下町として急速に発展しました。発展するにつれて、各地から武士や商人その他の人が多数江戸に移り住むようになりました。やがてこの人たちの間に、共通語ともいうべき言葉、つまり江戸語が形成されていきました。

江戸語の基盤は関東の方言ですが、純粋な関東方言とは違いがある独特な言葉となって、徐々に勢力を増したのです。

その言葉による文学が生まれるようになると、江戸語は京都語と肩を並べるほどの存在となりました。少なくとも、江戸の人々は江戸語に誇りを抱き、上方語に引けを取らない心意気を持っていたのです。

十返舎一九《じっぺんしゃいっく》（一七六五―一八三一）の滑稽本『東海道中膝栗毛』は諸国の方言をあつかっています。この作品が大ヒットとなり、次々と続編が求められたのも、庶民が江戸語に誇りを感じていて、大いに喜んだからでしょう。

西の方の地域では相変わらず上方語の勢力が強かったのですが、それにもまして江戸語の影響力が強く、江戸に行き来する武士や商人たちによって諸国に広められ、やがて全国の共通語となる基盤が固められました。

一方、封建制度による各藩単位の行政は、地域ごとの方言の特色を強めさせることとなりました。各藩はそれぞれ独立していて、住民は自分の属する藩から出て他の藩の地域に出入りすることは少なかったからです。

他の藩との交渉がなかった藩では、それぞれ独特の方言を発達させ、「訛りは国の手形」と言われるまでに、方言どうしの違いが大きくなりました。「手形」は旅行許可証と身分証明書を兼ねたような書類です。

各地の方言意識が強くなり、関心が高まると、各地でその方言書が作られるようになりました。

『尾張方言』（一七四八）　山本格安

『仙台言葉以呂波寄《いろはよせ》』（一七二〇）　猪苗代兼郁《いなわしろけんいく》

その他があります。

八　国学者の日本語研究

国学とは、『万葉集』『古事記』など日本の古典を研究して、日本固有の思想・精神を究めようとする学問で、江戸時代前期に興りました。古典の研究から日本語研究にも及んでいました。

コラム　日本語の研究を行った学者たち

1　本居宣長《もとおりのりなが》（一七三〇―一八〇一）

江戸時代中期・後期の国学者・医師。国学者・歌人の賀茂真淵《かものまぶち》に師事して古事記の研究に取り組み、注釈書『古事記伝』を著した。また『源氏物語』を好み、注解書『源氏物語玉の小櫛《おぐし》』を書いた。

語句・文章を中心とする綿密かつ実証的な研究方法により、古典文学の注釈や漢字音・文法など国語学的研究に優れた業績を残した。

2　石塚竜麿《いしづかたつまろ》（一七六四―一八二三）

江戸時代後期の国学者。本居宣長の教えを受けて万葉仮名《まんようがな》を詳しく調べ、上代特殊仮名遣（→三三頁）を発見した。『仮名遣奥山路《かなづかいおくのやまじ》』『古言清濁考』などの著作がある。

3　鈴木朖《すずきあきら》（一七六四―一八三七）

江戸時代後期の儒学者・国学者。『源氏物語』など古典文学を研究。本居宣長に師事して日本語を研究し、『活語断続譜』『言語四種論』『雅語音声考』を著して国語学に優れた業績を残した。活用の研究や言語の体系的分類を試み、近代の国語学者に高く評価された。

九　英語で説明された国語辞典――『和英語林集成』

鎖国政策をとっていた徳川幕府も、西欧諸国の度重なる交易要求があり、開国はやむを得ないと判断し、一八五四年「日米和親条約」を結び、国交開始と下田・函館《はこだて》の二港を開港しました。続いてイギリス、ロシアとも和親条約を結びました。

それ以降外国人の滞在を認めるようになり、幕府は開港地に外国人居留地を設置しました。横浜・神戸・長崎・函館その他に居留地ができ、外国人が滞在するようになりました。

中国などでキリスト教の布教に従事していた宣教師で医師のヘボン（James Curtis Hepburn 一八一五―一九一一）は中国で日本語に翻訳された仮名書き聖書を見て、この不思議な文字を使う国に行きたいと強く願うようになりました。念願かなって、一八五九年に来日し、神奈川に住み、医療活動を始めました。

診療のかたわら、日本語の勉強と研究に没頭し、その努力が実って、日本で初めての本格的な和英辞典『和英語林集成』の原稿を書き上げ、一八六七（慶応三）年横浜で出版されました。当時日本では英文と日本語文の活字を組み合わせて組版を作る技術がなかったので、組版・印刷は上海で行われました。

『和英語林集成』は和英辞典ですが、単なる対訳ではなく、その内容は英語で説明された国語辞典といっていいものでした。外国人のために作られた辞書でしたが、日本人にも使用する人が多く、第二版以降増補改訂を重ねて、一九一〇（明治四三）年の第九版まで刊行されました。一九世紀後半の日本語が大きく変わる時代にあって、この辞書の見出し語にはその変化の様子が反映しています。

この辞書で用いられたローマ字綴りを手直ししたものが、現在のヘボン式ローマ字綴りです。

第7章　西欧文化との出会い――近代（明治・大正）の日本語

江戸時代末期の一八六七年一一月、第一五代将軍徳川慶喜《とくがわよしのぶ》は政権を明治天皇に返しました（大政奉還）。これによって二六〇年あまり続いた徳川幕府による政治の時代は終わり、新しい中央集権の明治政府によって政治が行われるようになりました。

一八六八年、江戸は東京と名前を変え、日本の首都が京都から東京に移りました。これに伴って東京の言葉が中央語としての地位を得て、標準的な共通語となり、全国に普及することとなりました。

社会制度が大きく変わって、新しい知識を世界に求めるようになり、徳川幕府がとっていた鎖国政策から一転して、明治政府は積極的に西欧の文化を取り入れる方針をとりました。

明治時代は近代化に向かって激しく変化した時代となりました。それに伴って日本語も変化しましたが、その変化は単語の増加や文体などの部分に大きく、文法や発音など、日本語の根幹にかかわる部分での変化は比較的少ないことが特徴としてとらえることができます。

一　【性格】ヨーロッパ化の機運が高まる

近代的中央集権国家としての歩みを始めるとともに、欧米先進諸国に追いつくための欧米文化の積極的な摂取が始まりました。「文明開化」が合言葉となり、ヨーロッパ化の機運が高まりました。

このころの日本語はどのような状態だったのでしょうか。

発音の面では、明治の初めにはすでに現在と大差のないものになっていました。

文法・語法の面では変化はみられるものの、基本的なところは明治初年において現在と大差はなく、その変化も語法の体系に関わるものではありませんでした。

語彙《ごい》の面では、欧米から新しい思想や文物が取り入れられるようになり、その新しい事態に対応して多数の新しい単語が創られました

1　共通語への機運が高まる

①　京都語と江戸語と共通語

江戸時代中ごろから、京都語を中心とする上方《かみがた》語と東国語を基盤とする江戸語とが全国に

通用する二つの言語となっていました。東海道の東に江戸語の言語圏があり、西には上方語の言語圏ができていたのです。それでも標準とすべき一つの言語を求めるならば、長い歴史を持つ京都語がそれでした。

また、江戸時代の封建制度のもとで、各地に方言が発達していました。東北方言と鹿児島方言とでは、会話が成り立たないほどの言語差がありました。明治政府は全国共通の日本語が必要と考えるようになりました。

京都に代わって東京が首都となり、政治・文化の中心地となりました。その中で、中央語としての地位は京都語から東京語に移ったのでした。それ以後、現代日本語は東京語を基盤とする共通語を中心として発達し、今日に至っています。東国語の系列を引く言葉が全国の標準的な地位を占めたのは、日本語の歴史では初めてのことでした。

② 江戸語と東京語との関係

江戸が東京と名前を変えたように、江戸語がそのまま東京語として全国に通用する共通語となったのでしょうか。実はそうではないのです。

江戸は一〇〇万人の人口を抱える大都市に発展しました。明治新政府の成立を推進し、主要な役職に人材を送り込んだのは、薩摩《さつま》・長州・土佐・肥前《ひぜん》の四藩でした。それらの藩の人々をはじめとして、各地の人々が多数東京に集まり、さまざまな地方の出身者が生活する都市となりました。こうした社会で使われる言葉として、各地の方言の要素の入り交じった東京語が形成されたのです。

では江戸の町人たちが使っていた江戸語はどうなったのでしょうか。それは東京のいわゆる下町の言葉として残っていました。しかし、近年では江戸語の感じを受け継いだ言葉を話す人は少なくなったといわれています。

③ 共通語と標準語

現在は「共通語」ということが多くなりましたが、明治時代から昭和二〇年くらいまでは「標準語」といっていました。では、共通語と標準語とはどういう関係なのでしょうか。

共通語は、だれが決めたというのではなく、自然に広がり全国で使われるようになった言葉です。

標準語は、明治の初めころ、教育制度が整備され、教科書を作るときに、理想の日本語として作られた言葉です。明治政府はこれを使うことを求めました。いわば教科書を通して広がった言葉です。

④ 山の手言葉と下町言葉

東京の言葉について、「山の手言葉」「下町言葉」ということがあります。東京の山の手は、江戸城（現在の皇居）の近辺と西の高台を指します。かつてここには幕府の上流武士たちの住居があり、やがて裕福な商人の家族なども住むようになりました。

この地域に住む教養ある人たちに話されていた言葉を「山の手言葉」といいます。敬語が多く、丁寧で上品な言葉とされ、明治の標準語は、山の手言葉をもとに形成されたといわれています。

東京の下町は、高台の山の手に対して低い土地を指し、町人やさまざまな職業の職人やその家族が多く住んでいました。ここで話される言葉は江戸語（↓一六八頁《ページ》）を受け継いだものので、下町言葉といわれます。

2 教育制度・学校制度の確立

① 学校の設置と義務教育

明治政府は一八七一（明治四）年に文部省を設置し、全国に小学校を作ることにしました。一八七五年には約二万四五〇〇校が作られ、就学率は三五・四％でした。続いて、中学校・

高等学校・専門学校・大学など中等教育・高等教育の制度が整えられました。

一九〇〇（明治三三）年には義務教育（小学校四年間）の就学率は八一％を超え、一九〇七（明治四〇）年には尋常小学校六年間を義務教育と定められました。

② **国語教育の内容**

学校における国語教育が全国的に行われるようになり、一九〇〇年の改正小学校令によって、国語教育は充実したものとなりました。

この時に、

(1) カタカナの字体を定めた
(2) ひらがなの字体を定めた
(3) 義務教育期間に教える漢字を一二〇〇字に制限した（後に一三六〇字を標準とすると改められた）
(4) 教科書の教材にそれまでの文語文に代わって、口語体の文章を多く採用

などのことが実施されました。

③ **日本語による高等教育の実現**

明治の初年に、専門学校や大学など高等教育のための機関が設けられました。ここで西欧

のさまざまな分野の科学や技術を教えたのは外国人教師でした。当然彼らは英語やドイツ語で講義をしました。その講義を受けるために学生は、まず外国語を習得しなければなりませんでした。

明治の末ごろには、医学や土木建築などをはじめ、さまざまな分野の高等教育を日本人教師による日本語での講義で行えるようになりました。日本は近代化が始まって四〇年くらいで、自国語による高等教育ができるようになったのです。これは非常に早かったといえます。

④ 留学生を派遣

西欧の文化を取り入れる一つの方法として、優秀な青年をヨーロッパに留学させ、ヨーロッパの学問や文化を学ばせて、日本に持ち帰らせました。

ドイツに留学した森鷗外《おうがい》（森林太郎、一八六二―一九二二）は帰国して軍医総監となり、その一方で『舞姫』『ヰタ・セクスアリス』『高瀬舟』『即興詩人』などの作品を発表し、小説家・翻訳家としても名を成しました。

イギリスに留学した夏目漱石《そうせき》（夏目金之助《きんのすけ》、一八六七―一九一六）は大学で英文学の講義をしながら『吾輩《わがはい》は猫である』を発表して評判を呼び、『坊っちゃん』『倫敦塔《ろんどんとう》』などを書きました。その後、朝日新聞社に入社し、『虞美人草《ぐびじんそう》』『三四郎』『こころ』ほか多数の作品を発表しました。

オランダに留学した西周《にしあまね》（一八二九―九七）は官僚として活動するかたわら、啓蒙《けいもう》家として西洋哲学の翻訳・紹介に努め、日本における哲学の基礎を築いたのでした。

二 【音韻】東京式アクセントと京阪式アクセント

江戸時代の音韻とほとんど変わったところはありません。

1 方言差はある

共通語の教育が行われましたが、方言によっては「すし（鮨）」と「すす（煤）」はどちらもススと発音され、「すじ（筋）」と「すず（鈴）」がどちらもスズと発音される地域があります。

また、ズ・ヅとジ・ヂ（四《よ》つ仮名《がな》）の区別は江戸時代から失われましたが、これも方言によっては、一部残している地域がありました。

2　アクセントには地域差がある

日本語のアクセントは高低アクセントといって、単語のなかに音の高低があり、その組み合わせにいくつかの型があります。ちなみに、英語のアクセントは強弱アクセントで、音の強弱によって区別します。

国語教育やラジオ放送などによって、全国共通に理解できる日本語が普及しましたが、アクセントには地域によって相違があります。

東京語に代表される東京式アクセントと、京都・大阪語によって代表される京阪式アクセントの二つの型のアクセントが対立しています。

東京式アクセントは、ほぼ関東地方全域と東北地方の一部、それと中国地方や九州の一部などに分布しています。京阪式アクセントは、主に近畿地方と四国に分布しています。

さらに、この二つの型のアクセントと異なるアクセントがあります。その一つは、一型アクセントといい、同じ音節数の語はすべて同じ型で発音されます。例えば、「橋《はし》」と「箸《はし》」、「歯医者」と「配車」にアクセントによる区別がないのです。これは東北地方の南部から北関東にかけての地域と九州中部などに分布しています。もう一つは、高低の位置の決まらない無アクセント（無型アクセントとも）で、宮城県・山形県・福島県のそれぞれ一部に分布しています。

代表的な東京式アクセントと京阪式アクセントの主な違いを挙げると次のようです。

二拍の名詞に助詞「が」がついた形で比較します。「-」のあとが助詞です。（●は高　○は低）

	東京式	京阪式
「水が、風が、顔が」の類	○●-●	●●-●
「山が、河が、雪が」の類	○●-○	●○-○
「空が、海が、船が」の類	●○-○	○○-●（単独では○●）
「春が、秋が、声が」の類	●○-○	○●-○

三拍の名詞では、

頭	○●●	●○○
蛍	●○○	○●●
心	○●○	●○○

このような対立があり、さらに方言により相違することもありますが、日本語の標準アクセントは、東京アクセントということになっています。

東京アクセントには、二つの規則があります。

①一拍目と二拍目の間で、必ず高低の変化がある。

②一語のなかで高から低に変化した後、再び高に戻ることはない。

東京アクセントの種類は大きく「平板式」と「起伏式」の二種類に分けられます。平板式は二拍目で高くなった後、高低の変化がありません。起伏式は二拍目で高くなった後、また下がってその後は変化がありません。図示すると次のようになります。（●は高、○は低、「-」のあとが助詞）

平板式：　名が　○-●　水が　○●-●　会社が　○●●-●

起伏式：

頭高型　木が　●-○　秋が　●○-○　電気が　●○○-○

中高型　お菓子が　○●○-○　雪国が　○●○○-○

尾高型　花が　○●-○　男が　○●●-○　弟が　○●●●-○

近年では、起伏型の「彼氏が・ドラマが・モデルが　●○○-○」「図書館が　○●○○-○」などを「○●●-●」「○●●●-●」と平板型で発音する人が増えています。平板化が起きている原因について、起伏式ではどこで下がるかを語ごとに覚える必要があるが、平板式はその必要がなく、記憶の負担や発音の労力の軽減のためということが考えられる、とされています。（国立国語研究所「国語研の窓」第九号）

現実の問題として、アクセントの相違が日常のコミュニケーションの障害になることはほとんどありません。実際の会話では話し手も聞き手も話題がわかっていますし、個々の単語としてではなく、文脈としてとらえ、理解しているからです。

三【表記】漢字使用の制限へ

1 さまざまな字体

漢字の字体は、正字・俗字・略字など自由に使用していました。

正字は本字ともいい、昔から正統と認められてきた、点画の正しい形の文字のことです。

俗字は、世間で通用しているが正しい点画ではない形の文字のことで、「耻（恥）」「忰（悴）」「觧（解）」の類をいいます。

略字は、点画の一部を省くなどして簡略な形にした文字のことで、「醫→医」、「學→学」、「假→仮」、「釋→釈」、「鐵→鉄」、「廣→広」、「臺→台」などとする類をいいます。現在では、略字のいくつかは常用漢字表に採用されていて、それらは略字とはいえない存在となっています。

また、訓との関係もかなり自由でした。「たとえ……としても」の「たとえ」は副詞で、古くは「たとい」といわれました。この「たとえ」には「縦・設・仮令・縦令」などが当てられました。これでは振り仮名《がな》がないと正しく読むことは難しいでしょう。

このほかにも多様な当て字が用いられていました。夏目漱石もいろいろな当て字を使ったことが知られています。『吾輩は猫である』や『坊っちゃん』などを読めばすぐに見つかります。例えば、「胡魔化《ごまか》す」「焼持《やきもち》」「尻持《しりもち》」「食《く》い心棒《しんぼう》」など。当て字ですが面白いですね。

2　漢字制限の動き

漢字は数が多いので、使用する文字数を制限する考えは幕末に始まっていました。前島《まえじま》密《ひそか》（一八三五―一九一九）は一八六六（慶応二）年に意見書「漢字御廃止之議」を、時の将軍徳川慶喜に提出して、表音文字であるひらがなだけを用いることを主張しました。福沢諭吉は一八七三（明治六）年に「文字之教《もじのおしえ》」で廃止ではなく制限することを述べました。こうして漢字制限の考え方が広まりました。

学校教育では、一八七三年から教科書『小学読本』が刊行され、一八八七（明治二〇）年文部省編輯《へんしゅう》局編『尋常小学読本』『高等小学読本』では漢字約二〇〇〇字を使用することになり、一九〇〇年には教育用の漢字を一二〇〇字程度に制限することにしました。

こうした動きは新聞界にも及び、いくつか具体的な提案がなされるようになりました。しかし、なかなか全面実施には至らず、一九四六年「当用漢字表」一八五〇字の告示（↓一九五頁）によって、ようやく広く行われるようになりました。

四 【語彙】和製漢語がつくられる

1 新漢語の創作

ヨーロッパの文化を取り入れる方法の一つとして、ヨーロッパのさまざまな分野の書物の翻訳が行われました。

それらの書物には、それまでの日本にはなかった概念を表す用語が使われていたので、翻訳のしようがありませんでした。それを翻訳するためには、新しい用語を創作しなければならなかったのです。この時作られた漢語を「新漢語」とか「和製漢語」といいます。「哲学」という漢語も西周によって創作されました。

哲学　人格　人生観　根拠　結末　結論　冒険　良識

思想　主観　客観　権利　主権　憲法　国際　自主
科学　化学　物理　原子　元素　酸素　水素　炭素
酸化　還元　分析　細胞　宇宙　熱帯　寒帯　観察
解剖　盲腸　病院　衛生　伝染病
幻覚　個性　錯覚　性能　理性　感性　原理　境遇
文化　文明　民族　人民　経済　資本　階級　芸術

その他があります。これらには、中国の古典に典拠のあるもの、中国の『華英辞典』などから借りたもの、日本で造語されたものなどがあります。

漢字には、漢字の意味を考え、二字あるいは三字を組み合わせて新しい単語を作る「造語力」があります。一〇〇〇年以上もの間、漢字を使い続けてきた日本では、漢字についての知識が蓄積されており、多くの日本人にとって新漢語の理解はそれほど難しいことではなかったと考えられます。

このような新漢語の創作が可能であったことは、日本の近代化に大きく貢献したといってよいと思います。

2　新語「彼女」の誕生

西欧の書物を翻訳するときに、三人称の代名詞を何と訳すかという問題がありました。日本語には古くから代名詞「か（彼《か》）」はありました。これはやや離れたところを「あれ」と指す言葉でした。話し手・聞き手以外の人や事柄を指すときは、男女の別なく「かの……は」のように連体詞として使いました。

西欧の言葉には三人称に男女の区別があります。英語ではheとsheです。日本語にはそれに対応する語がなかったので、heを「彼《かれ》」、sheを「彼《か》の女《おんな》→彼女《かのじょ》」と訳すことにしました。今では「彼女」はごく当たり前の語として使われますが、訳語として生まれたのでした。

五　【文法・語法】受け身表現の一般化

1　漢語の動詞

語幹が一字漢語のサ行変格動詞「信ずる」「論ずる」などが「信じる」「論じる」のように上一段活用に移ったのは江戸時代からでした。

「愛す」はサ行変格動詞でしたが、明治になって「愛さ」が生まれて五段活用にと移りました。「訳す」「略す」などにも同じ現象が起きました。

2　非情の受け身の一般化

西欧の言語で書かれた書物の翻訳から、受け身の用法に変化が生じました。日本語にはもともと受け身の表現がありました。その多くは、

幼いころ両親に死なれて、奉公に出された。

出先で大雨に降られ、傘を持っていなかったので困った。

のように、人が辛《つら》い思いをさせられたり、苦労させられたりするような状況を表現する場合に用いられました。それなので「迷惑の受け身」などともいわれます。また、感情や心情が込められているので「有情の受け身」ともいいます。

このような被害の感覚のない非生物（人間や生き物ではないもの。非情物ともいう）を主語とする受け身を「非情の受け身」とも言います。

西欧の言語では

"The Tragedy of Hamlet, Prince of Denmark" was written by William Shakespeare.

（「デンマークの王子ハムレットの悲劇」はウィリアム・シェイクスピアによって書かれた）

のように受け身で表現されます。このような西欧の言語による受け身表現が翻訳の影響を受

けて、日本語でも非生物を主語とする受け身が広く用いられるようになりました。

現在では

この美術館はル・コルビュジエによって設計された。

日本のアニメは世界中で放送されている。

などと、非生物を主語とする受け身がごく普通に用いられるようになっています。

日本の古典には非情の受け身の例はあまりありませんが、

ある時は、風につけて知らぬ国に（舟ガ）吹き寄せられて（竹取物語「くらもちの皇子」）

のような例がいくつかあります。

六【文体・文章】言文一致運動

1 明治時代初期の文学作品

明治になってからも江戸時代の戯作《げさく》の文体を引き継いでいました。

仮名垣魯文《かながきろぶん》ほかの滑稽本『万国航海 西洋道中膝栗毛《ひざくりげ》』（一八七〇―七六刊）は、十返舎一九《じっぺんしゃいっく》の『東海道中膝栗毛』（↓一六一頁）にならって、弥次郎兵衛と喜多八の三代目の孫二人を、イギリスのロンドン万国博覧会見物に行かせて、その道中の様子を滑稽に描いたものです。

その冒頭は次のように始まります。

　夫《それ》天地者《は》万物の逆旅《たび》。光陰は百代の過客《たびゝと》なり。而《しか》して浮生ハ夢の若《ごと》し。歓《よろこび》を為《な》すこと幾何《いくばく》ぞや。（国会図書館蔵本）

また、魯文は『安愚楽鍋《あぐらなべ》』（一八七一―七二刊）という作品も書いています。文明開化の新しい風俗として誕生した牛鍋屋を舞台として、そこに集まるさまざまな客たちの様子や会話を面白く描いています。

　世界各国の諺《ことわざ》に仏蘭西《ふらんす》の着倒れ。英吉利《いぎりす》の食《くひ》だふれと。食台《ていぶる》に並べて譜《いへ》ど。衣《ころも》は肌を覆《おほ》ふの器《うつは》。食は命を繋《つな》ぐの鎖。（国会図書館蔵本）

　これらの作品の後、坪内逍遥《しょうよう》（一八五九―一九三五）は近代小説の理論書『小説神髄』（一八八五―八六刊）で心理的写実主義を提唱し、実践作として『当世書生気質《かたぎ》』（一八八五―八六刊）を発表しました。

　さまざまに移れば換《かは》る浮世かな。幕府さかえし時世《ころおひ》にハ武士のみ時に大江戸の。都もいつか東京と名もあらたまの年毎《としごと》に開けゆく世の余沢《かげ》なれや。（国会図書館蔵本）

この段階でもまだ戯作の雰囲気が感じられます。

2 言文一致運動がおこる

平安時代に仮名文字が作られて広く普及しました。文字の読み書きのできる人がふえるにつれて、鎌倉時代以降には書き言葉と話し言葉がそれぞれ別々に発達し、かなり大きく異なる形になりました。

明治になってから、これでは不自由なので、書き言葉を話し言葉に近づけようとする運動が始まりました。これが言文一致運動です。小説家たちはこの運動を積極的に推進しました。二葉亭四迷《ふたばていしめい》の『浮雲』『あひゞき』『めぐりあひ』、山田美妙《びみょう》の『武蔵野』『夏木立《こだち》』『胡蝶《こちょう》』などが、言文一致の実践として発表されて、大きな反響を呼びました。

二葉亭四迷はダ調、山田美妙はデス調を用い、嵯峨《さが》の屋お室《むろ》はデアリマス調、尾崎紅葉はデアル調の言文一致体の文章を作り上げました。

二葉亭四迷『平凡』

私は地方生れだ。戸籍を並べても仕方がないから、唯某県の某市として置く。其処《そこ》で生れて其処で育ったのだ。

明治三〇～四〇年代には、言文一致運動が最高潮に達しました。

教育の面でも言文一致の研究と普及がすすめられ、国語教育でも文学作品においても、言文一致体の文章が最も一般的なものとして認められました。小学校の教科書での文章は言文一致体によるという方針が示され、一般の著書にも、デスマス調やデアル調による口語文のものが出版されるようになりました。

言文一致体の文章は、当時の東京での話し言葉に基づいて、それを文章語に取り入れて調和させようとしたものでしたが、どうしてもそれまでの文章の形式にとらわれるところがあって、実際の東京語とは一致しない点も多かったのです。

しかし、一般にはこれが東京語によるものと受け取られたので、言文一致体の文章が一般化することが、東京語をもとにした共通語の普及を促進しました。

3 活発な文学活動

明治の後半から大正にかけて、文学活動が盛んになり、数多くの作品が発表されました。

先に触れた森鷗外や夏目漱石の作品のほかに、島崎藤村の『千曲川のスケッチ』『破戒』『新生』など、芥川龍之介《あくたがわりゅうのすけ》の『羅生門』『鼻』『芋粥《いもがゆ》』『蜘蛛《くも》の糸』『河童《かっぱ》』など、志賀直哉《しがなおや》の『暗夜行路』『城崎《きのさき》にて』など、萩原朔太郎《はぎわらさくたろう》の『月に吠《ほ》える』『青猫』、高村光太郎の『智恵子《ちえこ》抄《しょう》』など、現代でも読まれている作品が次々と発表されました。

また、文学ではありませんが上田万年《かずとし》・松井簡治編の国語辞典『大日本国語辞典』（四冊）が刊行されました。

鷗外・漱石などの作品の一部を紹介しましょう。

森鷗外『高瀬舟』

いつの頃であつたか。多分江戸で白河樂翁《しらかはらくをう》侯が政柄《せいへい》を執つてゐた寛政の頃ででもあつただらう。智恩院の桜が入相《いりあひ》の鐘に散る春の夕《ゆふべ》に、これまで類のない、珍らしい罪人が高瀬舟に載せられた。

夏目漱石『吾輩は猫である』

吾輩《わがはい》は猫である。名前はまだ無い。どこで生れたか頓《とん》と見当《けんとう》がつかぬ。何でも薄暗いじめ〳〵した所でニャー〳〵泣いて居た事丈《だけ》は記憶して居る。

芥川龍之介『蜘蛛の糸』

或日の事でございます。御《お》釈迦《しやか》様《さま》は極楽《ごくらく》の蓮池《はすいけ》のふちを、独りでぶらぶら御歩きになつていらつしやいました。

七　新聞・雑誌・書籍の刊行

江戸時代には瓦版《かわらばん》（読売とも）という木版印刷のものがありましたが、これは毎日定期的に発行されたものではありませんでした。

最初の日刊紙は一八七〇（明治三）年創刊の『横浜毎日新聞』でした。一八七二年には『東京日日新聞』（現在の毎日新聞の前身）と『郵便報知新聞』が発刊され、明治政府も新聞が国民の啓蒙に役立つと考えて支援しました。

日本の最初の雑誌は一八六七（慶応三）年の『西洋雑誌』だといわれます。総合雑誌としては一八七四（明治七）年に発刊された『明六雑誌』が最初でした。

明治の初年から著作物・翻訳物・学術物などが活発に刊行されました。こうした新聞・雑誌・書籍を通して、一般の人もさまざまな知識や情報に接することができるようになりました。

八　近代的国語辞典の誕生

明治新政府によって日本の近代化が急速に進められ、社会制度が変わり、積極的に西欧の文化・文物を取り入れ、社会の状態も人々の生活も大きく変化しました。

それに伴って新しい漢語が増加するなど、言葉の面でも変化が生じました。文部省は新しい時代に向けて新しい国語辞典を作ろうと考え、八人の学者を集めて『官版 語彙』という辞書の編纂《へんさん》を始めたのですが、ア行の「衣之部」を刊行したところで挫折してしまいました。文部省は改めて大槻文彦《おおつきふみひこ》（一八四七―一九二八）に、一人で新しい国語辞典を編纂するように命じました。

明治維新後の新時代にふさわしい新しい国語辞典を作ることに情熱を燃やした文彦は、アメリカで発行されたウェブスターのオクタボ判の編集方針を参考にして辞書編纂の仕事を始めたのです。

近代的な国語辞典には、発音・品詞・語源・語釈・出典の五つの項目を備えなくてはいけないと考え、その実現に努力しましたが、それは簡単なことではありませんでした。

苦心の末ようやく原稿ができ上がったのは一八八六（明治一九）年、着手してから一二年目のことでした。文部省に提出した原稿が下げ渡されてから、さらに全編を見直し、出版費を工面して『言海』として刊行したのは一八八九（明治二二）年～九一年でした。『言海』は高く評価されて、近代的国語辞典の嚆矢《こうし》と位置付けられています。

以後、山田美妙著『日本大辞書』（一八九二―九三刊）、落合直文編『ことばの泉』（一八九八―九九刊）、金沢庄三郎《かなざわしょうざぶろう》編『辞林』（一九〇七刊）、上田万年・松井簡治共著『大日本国語辞典』（一九一五―一九刊）、金沢庄三郎編『広辞林』（一九二五刊）、などが編纂されました。

九　機械によるコミュニケーションの発達と共通語

明治における言語生活上の最大の革新は、機械によるコミュニケーションの開始とその発達です。

1　電信・電話の開通

一八六九（明治二）年に東京横浜間に電信線が架設され、一八八九（明治二二）年には東京熱海間の試験的電話が開通し、九〇年には東京と横浜での電話事業が開始されました。電話は空間的な距離をこえて、遠く離れた場所との会話を可能にしたのです。それまでの飛《ひ》脚《きゃく》が走って運ぶ手紙に比べれば、電話の開通は大きな驚きでした。

2　ラジオ放送開始

一九二五（大正一四）年にはラジオ放送が開始されました。電波によるマスコミュニケーションの幕開けです。昭和の初期にはラジオの受信機が全国に普及しました。

ラジオはすばやくニュースを伝えることができるほか、音楽・芸能など耳からの娯楽が大変喜ばれました。

ＮＨＫのアナウンサーの言葉が、日本の津々浦々まで届くようになりました。耳から聞いて理解しやすく、整った話し言葉、洗練された放送言葉が形成されていきました。放送は標準語を普及する役割を担ったのでした。

第8章　激動する昭和時代の日本語

昭和時代は一九四五（昭和二〇）年を境に大きく変化しました。

一九三一（昭和六）年に満州事変、翌年には上海事変が起きて対外的に問題を抱え、国内でもいくつかの事件が起きました。一九三七（昭和一二）年には日中戦争が起こり、国家総動員法が制定されて戦時体制となりました。さらに一九三九（昭和一四）年に第二次世界大戦が始まり、全世界に広がる大戦争となりました。

日本はイタリア・ドイツと同盟を組み、イギリス・アメリカ・ソビエト連邦・中華民国などの連合国と戦うことになったのです。

この間、一九四一（昭和一六）年に尋常小学校は国民学校初等科（修業年限六年）、高等小学校は国民学校高等科（修業年限二年）となり、個人より国家を重要とする戦争を意識した考え方の教育が行われました。

この制度は一九四五年の戦争終結後、一九四七年に教育基本法と学校教育法が制定され、国民学校初等科は新制小学校に、国民学校高等科は新制中学校に改組されて、平時の教育に戻りました。

戦乱の続いたこの時期には、文化的な面では、あまり成果がありませんでした。

一九四五（昭和二〇）年八月一五日、日本は降服して戦争は終わりを告げました。戦争を遂行するための政策の影響で、経済は衰え、国民は疲れきっていました。日本は連合国軍最高司令官総司令部（GHQ）によって占領政策が実施されました。

日本の社会は激変し混乱しましたが、やがて復興へと進みました。一九五一（昭和二六）年サンフランシスコ講和会議で平和条約が調印されて、連合諸国と日本との戦争状態は終結し、日本は国際社会に復帰しました。

それからの日本の復興は目覚ましく、一九六四（昭和三九）年には東京オリンピックを開催するまでになりました。

一 【音韻】外来語の影響

明治・大正時代と特に変化はありませんでした。

ただ、中学から英語教育が始まり、高校・大学と外国語教育が行われるようになったことと、大量の外来語が入ってきたことから、「ジェ」「ディ」など外来語のための音が増えました。

二 【表記】常用漢字表などの告示

1 GHQはローマ字化を考えていた

GHQでは、漢字・ひらがな・カタカナの三種類もの文字を使い分け、殊に漢字の学習は負担が大きく、漢字をたくさん使う新聞や出版物を読める人が少なくて、大事な情報が国民に伝わらないのではないかと考えていました。

そこで、日本の軍国主義を改め、民主化を推進するためには識字率を高める必要がある、という考えのもとに、漢字の使用をやめて日本語をローマ字で表記するようにしようという計画をたてていました。

その準備のために、一九四八（昭和二三）年八月に、全国民の読み書き能力を調べることになりました。無作為に選ばれた一五歳から六四歳までの一万七〇〇〇人に国語のテストをおこなったのです。

その結果は、全国平均で七八・三％の正解率でした。GHQは日本国民の読み書き能力の高さに驚き、日本語のローマ字化の計画を中止したのです。

2　現代日本語の表記のよりどころが決まる

一九四六（昭和二一）年一一月国語審議会が答申し、「当用漢字表」一八五〇字が内閣告示されました。同じ年に「現代かなづかい」も制定されました。さらに一九五九（昭和三四）年には「送りがなのつけ方」が公布されました。

①　当用漢字表から常用漢字表へ

当用漢字表では字体と音読み・訓読みについては記されていませんでしたが、一九四八（昭和二三）年に「当用漢字音訓表」が、一九四九（昭和二四）年に「当用漢字字体表」が告示されました。さらに一九七三（昭和四八）年「当用漢字改定音訓表」が告示されました。

その後、当用漢字について再考する動きが始まり、国語審議会で議論が重ねられて、社会生活で使用する「目安」として一九八一（昭和五六）年「常用漢字表」一九四五字が内閣告示され、さらに二〇一〇（平成二二）年、文化審議会が「改訂常用漢字表」二一三六字を答申し、同年に内閣告示されて今日に至っています。

②　現代かなづかい

昭和一〇年代までは歴史的仮名遣いが主流でした。しかし、歴史的仮名遣いは発音と離れており、習得するのはかなり困難でした。教育上の負担を軽くし、一般社会での効率の上でも現代語の発音に基づいて整理する必要があるという考え方が広まりました。

政府は国語審議会での議論にゆだね、その結果が「現代かなづかい」として答申され、一九四六（昭和二一）年に内閣告示されました。

「現代かなづかい」は現代語の発音に基づいて、現代語を仮名で書き表す場合の準則（それに従って守るべき規則）を示したものでした。発音表記を目指していましたが、一部に歴史的仮名遣いの影響が残っています。

一九八六（昭和六二）年七月に改定されて「現代仮名遣い」として公布されました。こちらも完全な発音表記ではなく、やはり一部に歴史的仮名遣いの影響が残っています。

③ 送りがなの付け方

従来、送り仮名の付け方には特に決まりはなく、各人がさまざまに書いていました（↓一三九頁《ページ》）。このことについて国語審議会は審議した結果を一九五八（昭和三三）年「送りがなのつけ方」として建議し、翌五九年に「送りがなのつけ方」が公布されました。

この「送りがなのつけ方」について、さまざまな意見や批判が出たので、国語審議会は改定することにして、「改定送り仮名の付け方」を答申して一九七三（昭和四八）年に内閣告示され、その後、一部改正されて一九八一（昭和五六）年に「送り仮名の付け方」が告示されました。

現在では、「常用漢字表」「現代仮名遣い」「送り仮名の付け方」の三つが、現代日本語の表記のよりどころとなっています。

3　現代のローマ字綴《つづ》り

ローマ字綴りは一六世紀末のポルトガル人宣教師によるポルトガル語式のローマ字綴りがあり、江戸時代には蘭学《らんがく》と関連してオランダ語式ローマ字綴りがありました。

イギリス人宣教師W・H・メドハーストは『英和・和英語彙』（一八三〇年バタビアで刊行）で、また一八五九年に来日した米国人の宣教師S・R・ブラウンは『会話日本語』（一八六三年刊）ほかの著作で、それぞれ英語式ローマ字綴りを用いています。一八五九年に来日したJ・C・ヘボンが本格的和英辞典『和英語林集成』（一八六七年刊）（↓一六五頁）で用いたローマ字綴りが、現在のヘボン式ローマ字綴りの基となっています。

そのほかフランス語式やドイツ語式の綴りも試みられました。

これらのローマ字綴りはそれぞれ特徴があって、統一されたものではありませんでした。

明治になって、一八八五（明治一八）年羅馬字会が設立され「ヘボン式ローマ字」を採用して「羅馬字会式」（標準式）として提唱し、同年に田中館愛橘《たなかだてあいきつ》が「日本式ローマ字」を主張して対立しました。

その後、地名を海外に向けてローマ字表記する必要が生じ、文部省は一九三〇（昭和五）年臨時ローマ字調査会を設置し、綴り方を統一しようとして議論が重ねられ、最終的に一九三七（昭和一二）年内閣訓令によって「訓令式」と呼ばれるローマ字の綴り方が定められたのでした。これは日本式に基づくものでした。

第二次世界大戦終了後、ＧＨＱの占領政策の実施を経て、一九五四（昭和二九）年に「ローマ字のつづり方」が内閣告示されました。これは第一表が訓令式、第二表はヘボン式と日本式の相違点を示したもので、どちらを使っても差し支えないというもので、両方式が許容されるようになりました。

三 【語彙】和製英語の登場

1 外来語の排斥

日中戦争から第二次世界大戦中にかけて、英語を「敵性語」として排斥する一種の社会運動が起きました。しかし、法的な根拠はなく、徹底したものではありませんでした。

外来語の排斥運動が起きてからも、野球は行われていました。その時に、英語を使わないで、用語を日本語化することになり、次のような用語が作られました。

プレイボール ↓ 試合開始

セーフ ↓ 安全・よし　　アウト ↓ 無為《ぶい》・ひけ

ストライク ↓ 正球・よし（一本、二本）

ボール ↓ 悪球・だめ（一つ、二つ、三つ）

ヒット ↓ 正打　　ファール ↓ 圏外球

フェアグラウンド ↓ 正打区域　　ファウルグラウンド ↓ 圏外区域

2　大量の外来語の流入

一九五〇（昭和二五）年ころから大量の外来語が入ってきました。多くは英語ですが、分野によってフランス語・イタリア語・ドイツ語・韓国語などさまざまな国の単語が日本語の中で使われるようになりました。

また、外来語のような形の単語が日本で作られ、広く使われるようにもなりました。これを和製外来語といい、多くは和製英語というべきものです。カタカナで書かれるので、ひとまとめにカタカナ語と呼ばれることもあります。

和製外来語＝コッペパン、シュークリーム、テーマソング、テーマパーク、フロントガラス、メルヘンチック

和製英語＝アフターサービス、オーダーメイド、ガソリンスタンド、サラリーマン、ジェットコースター、ジーパン、バックネット、バックミラー、ビジネスホテル、フリーサイズ、プレイガイド、ベッドタウン、ベビーカー、ヘルスメーター、ランニングホーマー

3　新語・流行語の誕生と消滅

テレビ・ラジオ・新聞・週刊誌・コミックなどのメディアを通じて、次々と新語・流行語が生まれては消えていきました。

新語は、新しく作られた品物、開発された技術、これまでになかった考え方などを表現するために作られた語です。

流行語は、なにかのきっかけで多くの人が共感をもって使うようになった語で、必ずしも新しい語とは限りません。急激に広まり、一時期を過ぎると、多くの場合忘れられてしまう傾向があります。

四 【文法・語法】ら抜き言葉が広がる

明治・大正時代と大きな変化はありません。しかし、「ら抜き言葉」の勢力が強まり、広がったことは特筆される現象でしょう。

ら抜き言葉とはどういう現象なのでしょうか。

動詞で可能（〜できる）の意を表すには、

　五段活用動詞・サ行変格活用動詞には未然形に「れる」が接続

　一段活用動詞・カ行変格活用動詞には未然形に「られる」が接続

して表すのが従来の規範です。

それが一段活用動詞・カ行変格活用動詞にも「れる」が接続する形が生まれました。例えば、動詞「見る」の場合、「見られる（見ることができる）」が本来の形ですが、「ら」を抜かした「見れる」といい、「着る」は「着られる（着ることができる）」を「着れる」というのです。「ら」がないので「ら抜き言葉」と呼ばれています。

この言い方は一九二八（昭和三）年に、東京生まれの人の一部で使われたという記録があります。どうやら大正の末ごろから始まったようですが、これが広まったのは、一九五〇年代からのことでした。ら抜き言葉が広まると、これは日本語を乱しているとして批判されるようになりました。

ら抜き言葉の主なものをあげておきましょう。

見れる　着れる　煮れる　寝れる　来れる
食べれる　降りれる　起きれる　受けれる　捨てれる
覚えれる　感じれる　考えれる

「歩く→歩ける」「泳ぐ→泳げる」「読む→読める」などのように、五段活用動詞には可能動詞形ができています（→一五〇頁）。

しかし、「見る」の場合「見られる」は、受け身・尊敬・自発・可能を同じ語形で表現するので、文章の意味に従ってどの意味なのか判断するしかありません。ここで、可能を表す「見れる」が独立すれば、可能表現であることがはっきりします。

ら抜き言葉は、五段活用動詞で「読む→読める」のように下一段活用の可能動詞形ができたのと同じ変化が、一段活用動詞とカ行変格活用動詞でも起きたのだと説明することができます。ですから、ら抜き言葉は日本語を乱れさせている、と一方的に批判することはできないともいえます。

しかし、そのように説明はできるのですが、まだ本来の規範に沿った形ではないと考えている人もいます。

「ら抜き言葉の現状」（文化庁「国語に関する世論調査」平成二七年度）によると「食べられる」と「食べれる」、「来られる」と「来れる」、「考えられる」と「考えれる」では従来の「られる」型を使うと答えた人の方が多かったのですが、「見られる」と「見れる」、「出られる」と「出れる」ではら抜き型を使うと答えた人の方が多かったと述べています。

また、ら抜き型を使う人の割合が、平成七年度では二七・二％でしたが、年度を追ってじりじりと割合が増えて、平成二七年度では三二％だったとも報告しています。ら抜き言葉が徐々に勢力を強めていることがわかります。

五　ことわざの解釈に変化

ことわざは私たちの祖先が経験や知恵を短い言葉で言い表した大切な遺産であり文化です。

そのことわざの解釈に変化が起きています。「情けは人のためならず」ということわざは、「人に情けをかけると、めぐりめぐって結局は自分のためになる」というのが本来の意味ですが、それを「情けをかけると甘える気持ちが起きて、結局はその人のためにならない」と解釈する人が増えているというのです。二〇〇〇（平成一二）年の調査では、本来の意味ではなく「その人のためにならない」と解釈している人の方が多くなったと報告されています。（文化庁「国語に関する世論調査」平成一二年度）

このように解釈が変わってきていることわざが、他にもあります。「住めば都《みやこ》」は「どんな所でも住み慣れれば、そこが最も住みよく思われるものだ」というのが元来の意味ですが、それを「どうせ住むなら都（都会）のほうがいい」と解釈する人がいます。これは現代の文法では仮定条件「住まば」がなくなって、確定条件「住めば」だけになってしまった（↓一五〇頁）ことが影響しているとも考えられます。

六　マスメディアの発達

1　ラジオ・テレビ

一九二五（大正一四）年に始まったラジオ放送はＮＨＫによって行われてきましたが、一九五一（昭和二六）年から中波による民間放送が始まりました。現在では民間放送局も増えて、短波放送・ＦＭ放送を含めてほとんど二四時間、電波が飛び交っています。

テレビ放送は一九五三（昭和二八）年にＮＨＫが放送を開始して以来、多数の民間放送局ができて、二四時間映像電波が送り出されています。衛星中継が始まってからは昼夜の別なく、世界の情報・文化・娯楽などが発信されています。

一九五三年のＮＨＫテレビの受信機台数はわずかに一万六七七九台でした。その後急速に普及が進み、二〇一一（平成二三）年には七八四三万二〇〇〇台になったと報告されています。現在では携帯電話やスマートフォンなどでも受信できるので、その数は膨大なものになっています。

テレビはラジオ以上に情報伝達の機能に優れており、中央の文化はただちに全国に届き、地方の文化も全国に紹介されます。

テレビを見ることは共通語と接することになる一方で、若い世代に方言の使用が減る傾向が見られます。

2　新聞

テレビやラジオが普及しても、新聞もまた健在です。一九六九（昭和四四）年の新聞総発行部数は五一四九万部でした。二〇一六（平成二八）年には四三二七万六〇〇〇部（日本新聞協会調べ）と減っていますが、相変わらずマスコミとして大きな力を持っています。

3　雑誌

雑誌は一九八六（昭和六一）年に週刊誌七三点、月刊誌は二二五六点でした。なかでもコミック誌は毎週一〇〇〇万部を超すものがありました。現在でも、月刊誌や週刊誌が発行されていますが、点数・発行部数はやや減少しています。

七　電話の普及

一九五五（昭和三〇）年ころから電話が急速に普及しました。一〇年後には、ほとんどの家庭に電話が置かれるようになりました。

その後、自動車電話から個人が携帯するＰＨＳと携帯電話が瞬く間に普及し、だれもが、どこでも、いつでも、電話で話ができるようになっています。言語生活に大きな変化が起きたのです。

八　昭和時代の国語辞典

昭和二〇年代までは、日本は内外にいくつもの問題を抱えていたためか、辞書の出版はあまり活発ではありませんでした。主なものは次の三点くらいです。

大槻文彦《おおつきふみひこ》著『大言海』（一九三二―三五刊）、平凡社『大辞典』（一九三四―三六刊）、新村出編『辞苑』（一九三五刊）。

昭和三〇年代からは大小さまざまな辞書が、新しい試みをもって次々と編集刊行されました。その主だった辞書を、初版の刊行年順に紹介します。

1　中型・大型国語辞典

金田一京助編『辞海』（一九五二年刊）

新村出編『広辞苑《こうじえん》』（一九五五年刊）

久松潜一監修山田俊雄ほか編『新潮国語辞典　現代語古語』（一九六五年刊）

日本国語大辞典刊行会編『日本国語大辞典』（一九七二―七六年刊）

時枝誠記《もとき》ほか編『角川国語中辞典』（一九七三年刊）
金田一春彦《はるひこ》・池田弥三郎編『学研国語大辞典』（一九七八年刊）
松村明編『大辞林』（一九八八年刊）
梅棹忠夫《うめさおただお》ほか編『講談社カラー版日本語大辞典』（一九八九年刊）
松村明監修『大辞泉』（一九九五年刊）

2　小型国語辞典の発達

昭和一〇年代まで、国語辞典は中型が主流であって、小型の辞典は日用的なもので非学問的とされ、軽んじられていました。こうした世間の小型辞典に対する見方を一変させたのが、金田一京助編『明解国語辞典』（一九四三年刊）でした。この辞典の編集を献身的に進めたのは見坊豪紀《けんぼうひでとし》でした。

語釈は簡潔を旨とし、明快で分かりやすく書かれています。戦時下の制約の多い時代に編集されたのですが、学問的にもすぐれた小型国語辞典として高い評価が与えられました。その後数多く作られた小型国語辞典の基本形を確立した辞書となったのでした。後に山田忠雄を主幹として大改訂が行われ、『新明解国語辞典』（一九七二年刊）となりました。

その後、今日までに陸続として小型国語辞典が出版されました。武田《たけだ》祐吉《ゆうきち》ほか編『角川国語辞典』（一九五六年刊）、守随憲治ほか編『旺文社国語辞典』（一九六五年刊）、佐伯梅友ほか編『新選国語辞典』（一九五九年刊）、見坊豪紀主幹『三省堂国語辞典』（一九六〇年刊）、西尾実ほか編『岩波国語辞典』（一九六三年刊）（以上いずれも初版刊行年）ほか多数あり、春の入学・進学の時期には書店の辞書売場を埋めています。

第9章　ＩＴ全盛の時代――平成時代の日本語

発音も文法も昭和時代と大きな変化はありません。この時代の特徴は、コミュニケーションの手段が大きく変わったことです。

一　いつでもどこでも

ほとんどの人が携帯電話を使用するようになり、さらにスマートフォンやタブレットなどで、音声や文章・写真などが電波に乗って飛び交うようになりました。ツイッター・チャットあるいはフェイスブック・インスタグラム・ラインなどのＳＮＳ（social networking service）によるコミュニケーションの手段が増えています。

そういう状況の中で、メールやチャットで使われる独特の略語が生まれています。また、言葉ではないのですが、意味を伝える日本独特の顔文字・絵文字もたくさん作られ、利用されています。

二　パソコン利用が普及——e-mailが日常化する

一九八〇年代からワードプロセッサー（ワープロ）が使われるようになり、それに続いてパーソナルコンピューター（パソコン）が急激に普及しました。

コンピューター自体はもっと早くから会社や官庁などで使われていましたが、個人が端末を持って使うようになったのです。

パソコン同士でのメール（e-mail）のやり取りが日常化し、インターネットでさまざまな情報を集めることができるようになり、パソコンの利用がいよいよ盛んになりました。

三　電子辞書の実用化

電子辞書の第一号機が発売されたのは一九七九（昭和五四）年のことでした。これは簡単な英和和英の単語集のようなものでした。それがどんどん改良されて、国語辞典や英和辞典がそっくり入っているものが作られ、さらに一台の電子辞書にいくつもの辞書が入っていて、辞書から辞書へと調べられるものが実用化されました。

それまでの辞書は紙に印刷されていて、あいうえお順やアルファベット順に目的の言葉を探すものでしたが、電子辞書はキーボードでいろいろな探し方ができるようになっています。音声を聞かせることのできるものもあり、全く新しいタイプの辞書が現れたのです。

四　若者が生んだ新しい表現

1　「なにげに」

「なにげに外を見たら雨が降り出していた」のように、「なにげなく」と同じ使い方をするのは、一九八〇年代から九〇年代にかけて広まりました。「なんとなく嬉《うれ》しい」というときに「なにげにうれしい」とも言います。

2　「普通に」

「普通に」は、ごく一般的であることをいう言葉です。「普通においしい」「普通に上手だ」というと、「当たり前の味」「平凡な力量」といった感じで受け取られると思うのですが、この「普通に」が二〇〇〇年代になってほめる感じで使われるようになっています。

3　「半端ない」

従来の「半端では（じゃ）ない」から生まれた形です。意味は同じで「ものすごい」「尋常ではない」を表します。「帰省ラッシュで、高速道路は半端ない混み方だった」などと使います。これも二〇〇〇年代になって広まりました。

4 「大丈夫」

「大丈夫」は通常、

(1)危険や失敗の恐れがないと断定できる状態であること。「この建物なら大きな地震でも大丈夫だ」

(2)安心で問題ないと請け合うことができる様子。「この仕事は彼に任せておけば大丈夫だよ」

というように使われます。道で転んだ人が傍らの人に「大丈夫ですか」と声を掛けられて「はい、大丈夫です」と答えるようなのが、普通の使い方です。

この「大丈夫」が、「コーヒーにお砂糖入れますか」「いえ、大丈夫です」、「ケーキもう一ついかが」「大丈夫です」、「お客様にはこのメガネがお似合いですよ」「大丈夫です」というように、なにかを勧められたときの返事に「大丈夫」を使う若い人が増えています。

これは遠回しに断っている返事であって、「もう結構です」とか「いりません」などと言うと相手の人が気を悪くするかもしれないから、このような言い回しで柔らかく断る気持ちを伝えようとしていると考えられます。

しかし、このような表現は、年配の人には理解されない、あるいは誤解される恐れがあります。

五　現代の敬語表現

敬語表現は古代からありました。ここでは現代の敬語表現のポイントをまとめておきましょう。

敬語には、話し手が聞き手や話題になっている人への敬意を表す「尊敬語」と「謙譲語」、聞き手に対して話し手が敬意をもって使う「丁寧語」があります。

1　尊敬語

①　特別の語を用いる

話し手が聞き手や話題の人の動作などを、一段高めて敬意を表すのが尊敬語です。

おっしゃる（言う）　いらっしゃる（居る・来る）　くださる（くれる）

「社長がおっしゃるにはA案がよいとのことです」

「今日はご自宅にいらっしゃるそうです」

「学長は三時にいらっしゃるとのことです」

「先生がくださったご本です」

②　**接頭語「お」「ご」や接尾語「様」などを添える**

お手紙　ご主人　旦那様　お客様

③　**助動詞「れる」「られる」などを添える**

「こんどは長編小説を書かれるそうですね」

「理事長は来週帰って来られる予定です」

④　**「お…になる」「ご…する（いたす）」などの形式を使う**

「来賓がお帰りになります」

2　謙譲語

話し手が自分のがわの事柄と思われることや動作などを、へりくだって表現して敬意を表すのが謙譲語です。

「申し上げる（言う）」「いただく（もらう）」「うかがう（行く）」など、いろいろな表現があります。

「それでは私の考えを申し上げます」

「招待状をいただきました」

「明日の午後、お宅にうかがいたいと思います」

そのほかに「拝見する・愚息・小社・拙文」などたくさんあります。

謙譲語のなかの一部に「丁重語《ていちょうご》」と呼ばれる言い方があります。話し手が聞き手に対して、礼儀正しくあらたまった言葉づかいで敬意を表します。

いる → おる　「父は今軽井沢の別荘におります」

いう → 申す　「昔から『急がば回れ』と申しますように……」

する → いたす　「ご希望の通りに設計いたします」

行く、来る → 参る　「明日から海外へ参ります」「父はまもなく帰って参ります」

思う、知っている → 存じる　「その方のことは以前から存じております」

3　丁寧語

話し手が聞き手に対して敬意を表したり、改まった気持ちで丁寧な言葉づかいをしたりする時に使われるのが丁寧語です。文の最後を「です」「ます」「ございます」などで結びます。丁寧語のなかの「お茶」「お菓子」「お皿」「お人形」などが、特に敬意を表すわけではないのですが、丁寧で上品な言い方として使われます。これを「美化語」といいます。「お米」「お酒」「お茶碗」「お弁当」「ご近所」「お隣」「お店」などたくさんあります。

敬語表現は古代から今日まで長い歴史があり、複雑に発達しました。古くは身分や階級などの上下関係のある人の間で用いられた表現でした。

身分制度のない現代では、コミュニケーションの際に、お互いに尊敬する気持ちを持って、自分と相手の関係や場面を考えて選んで使う言葉づかいとなりました。

失礼にならないようにと思っても、無闇に丁寧過ぎるとかえって慇懃《いんぎん》無礼《ぶれい》と受け取られることもありますから、相手との関係や状況を考えて適切な表現を選ぶ必要があります。

敬語表現は社会生活を円滑に行うために重要な役割を果たしています。正しく敬語が使えるように日頃から心掛けることが大切です。

おわりに

一　日本語史の時代区分

日本語は記録のある千数百年のあいだに、大小さまざまな変化がありました。その変化の集積が現代日本語です。

幸いなことに、古代からの記録が残されているので、変化の歴史をたどることができます。本書ではその変化の重要な点を選んで述べました。

日本語の歴史の時代区分は、ほぼ日本史の時代区分と一致しています。なぜなら言語は時代の変化と結びついているからです。本書も、時代区分は日本史のそれと同じくしてあります。しかし、平安時代の末、一一世紀後半からの院政期には日本語に中世の特徴が現れ始めていることから、鎌倉時代へと続けて区分する考え方をとる研究者もあります。

二　記録された日本語

近代にいたるまで、録音・録画の技術がなかったので、音声として過去の日本語を聞くことができません。謡曲・狂言・歌舞伎などの伝統芸能には、かつての日本語が伝わっていますが、長年伝えられてくる間に変化している部分があり、そのまま歴史上の日本語とするわけにはいきません。

奈良時代の万葉集をはじめとして、平安時代以降に日本語で書かれている文学作品が今日まで伝えられています。そこには当時の日本語が書かれていますので、本書では必要に応じて、作品の一節を引用することにしました。

また平安時代以降、何種類もの字書・辞書が編纂《へんさん》され、これも今日まで伝えられています。辞書はその時代の人が必要とする文字・言葉に関する情報が書かれています。

辞書は言葉の記録であると同時に、当時の文化の記録でもありますので、折に触れて紹介してあります。

三　変化はさまざまな部分に現れる

言語について述べるときは、音韻・表記・語彙《ごい》・文法の四部門を取り上げるのが基本で、本書も概ねそのように構成してあります。

言語の変化はいろいろなところに現れるので、必要によってさらに範囲を広げたところもあります。

四　変化が続く日本語

日本語に限らず、どの言語でも長い年月の間に変化します。

日本語は現在も、ゆっくり変化を続けています。ら抜き言葉が広がっているのもその一例です。ことわざの解釈にも変化が生じ、若者を中心に新しい表現が生まれるなど、若者と高齢者の間に言葉の違いが生まれています。

長年の間に言葉が徐々に変化するのはやむを得ないことですが、私たちには、分かりやすく、正確で、美しい日本語を育てていく努力が求められていると思います。

＝参考文献＝

沖森卓也『日本語史』（桜楓社、一九八九）
沖森卓也『日本語全史』ちくま新書（筑摩書房、二〇一七）
亀井孝ほか『日本語の歴史』（平凡社、一九六三—六五）
菊地康人『敬語』講談社学術文庫（講談社、一九九七）
京都大学文学部国語学国文学研究室『文禄二年耶蘇会板 伊曽保物語』京都大学国文学会、一九六三）
金田一春彦『日本語セミナー』（筑摩書房、一九八二—八三）
倉島節尚『辞書と日本語　国語辞典を解剖する』光文社新書（光文社、二〇〇二）
倉島節尚『日本語辞書学への序章』（大正大学出版会、二〇〇八）
倉島節尚「『奇説雑談』における両振り仮名」大正大学研究紀要77（大正大学出版部、一九九二）
小松寿雄『江戸時代の国語　江戸語』（東京堂出版、一九八五）
坂梨隆三『近世の語彙表記』（武蔵野書院、二〇〇四）
坂梨隆三『江戸時代の国語　上方語』（東京堂出版、一九八七）
白木進『かたこと』笠間選書（笠間書院、一九七六）
築島裕『平安時代の国語』（東京堂出版、一九八七）
土井忠生『吉利支丹文献考』（三省堂、一九六三）

築島裕『平安時代語新論』（東京大学出版会、一九六九）
土井忠生『ロドリゲス　日本大文典』四版（三省堂、一九六九）
土井忠生・森田武『国語史要説』新訂版（修文館出版、一九七五）
土井忠生・森田武・長南実『邦訳日葡辞書』（岩波書店、一九八〇）
林大・宮島達夫ほか『図説日本語』（角川書店、一九八二）
深井一郎『雑兵物語研究と総索引』（武蔵野書院、一九七三）
松村明『江戸語東京語の研究』（東京堂出版、一九五七）
宮島達夫『古典対照語い表』（笠間書院、一九七一）
山田潔『抄物語彙語法論考』（清文堂、二〇一四）
諸星美智直『近世武家言葉の研究』（清文堂、二〇〇四）
『江戸時代語辞典』（角川学芸出版、二〇〇八）
『言語学大辞典』（三省堂、一九八八—九三）
『国語学大辞典』（東京堂出版、一九八〇）
『国史大辞典』（吉川弘文館、一九七九—九七）
『時代別国語大辞典　上代編』（三省堂、一九六七）
『時代別国語大辞典　室町時代編』（三省堂、一九八五—二〇〇一）
『新版　日本語学辞典』（おうふう、一九九四）
『新明解古語辞典　第二版』（三省堂、一九七七）

『大辞林　第三版』（三省堂、二〇〇六）
『日本語学研究事典』（明治書院、二〇〇七）
『日本語学大辞典』（東京堂出版、二〇一八）
『日本国語大辞典　第二版』（小学館、二〇〇〇―〇二）
『日本語大事典』（朝倉書店、二〇一四）
『日本辞書辞典』（おうふう、一九九六）

あとがき

大学を出てから辞書編集者として三〇年余り出版社三省堂に勤務して、古語辞典や中型の国語辞典編集に携わる中で、日本語が時代によって変化してきたことを学びました。また、編者の先生方に直接お教えをいただきました。

職を大学に移してからは、日本語とはどういう特徴をもった言語か、どのような歴史をたどったのか、という講義を担当していました。

それらの経験から、いつかは日本語の歴史を書いてみたいと思うようになっていました。たまたま機会に恵まれて、児童図書館向けに『見て 読んで よくわかる！ 日本語の歴史』全四巻（筑摩書房、二〇一七―一八）を出版することができました。

その後で、筑摩書房の田中尚史さんから、児童向けとは別に、中学・高校生向けに日本語の歴史を語るものを書きませんかとお誘いを受けました。そのお勧めを受けて執筆したのが本書です。

本書では、専門的なことは控え目にして、日本語の歴史の中で大事なポイントを選んで述べてあります。特に社会の状態や、そこに暮らす人々の言語生活とのかかわりを考えながら書いてみました。

本書の執筆にあたっては、かずかずの先学の著作のお世話になりました。その主なものは参考文献に挙げてあります。

長年の友人である立教大学名誉教授沖森卓也さんの『日本語全史』(ちくま新書)は大いに参考にさせてもらいました。日本語の歴史に興味を持ち、さらに詳しく知りたいと思う人には、沖森さんの『日本語全史』をお読みになることをお薦めします。

執筆にあたって数々の貴重な助言をして下さった田中尚史さんと、編集で大変お世話になった平野洋子さんに厚く御礼申し上げます。

索引

【あ行】

【か行】

ちくまプリマー新書

001 ちゃんと話すための敬語の本　橋本治
敬語ってむずかしいよね。でも、その歴史や成り立ちがわかれば、いつのまにか大人の言葉が身についていく。これさえ読めば、もう敬語なんかこわくない！

052 話し上手 聞き上手　齋藤孝
人間関係を上手に構築するためには、コミュニケーションの技術が欠かせない。要約、朗読、プレゼンテーションなどの課題を通じて、会話に必要な能力を鍛えよう。

076 読み上手 書き上手　齋藤孝
入試や就職はもちろん、人生の様々な局面で読み書きの能力は重視される。本の読み方、問いの立て方、国語の入試問題などを例に、その能力を鍛えるコツを伝授する。

153 からだ上手 こころ上手　齋藤孝
「上手」シリーズ完結編！「こころ」を強くし、「からだ」を整える。さらにコミュニケーション能力が高くなる「〝対人体温〟をあげる」コツを著者が伝授します。

096 大学受験に強くなる教養講座　横山雅彦
英語・現代文・小論文は三位一体である。本書では、それら入試問題に共通する「現代」を六つの角度から考察することで、読解の知的バックグラウンド構築を目指す。

ちくまプリマー新書

137 東大生・医者・弁護士になれる人の思考法　小林公夫

受かる人はどこが違うのか。30年間予備校や大学で数え切れない程の受験生を指導した結果みえたこととは？　勉強法を示しつつ難関に立ち向かうことの意味をも考える。

151 伝わる文章の書き方教室
――書き換えトレーニング10講　飯間浩明

ことばの選び方や表現方法、論理構成をちょっと工夫するだけで、文章は一変する。ゲーム感覚の書き換えトレーニングを通じて、「伝わる」文章のコツを伝授する。

158 考える力をつける論文教室　今野雅方

まっさらな状態で、「文章を書け」と言われても、なかなか書けるものではない。社会を知り、自分を知ることから始める、戦略的論文入門。３つのステップで、応用自在。

160 図書館で調べる　高田高史

ネットで検索→解決の、ありきたりな調べものから脱出するには。図書館の達人が、基本から奥の手まで、あなたにしかできない「情報のひねり出し方」を伝授します。

186 コミュニケーションを学ぶ　高田明典

コミュニケーションは学んで至る「技術」である。状況や目的、相手を考慮した各種テクニックを解説し、スキルを身につけ精神を理解するための実践的入門書。

ちくまプリマー新書

191 ことばの発達の謎を解く　今井むつみ

単語も文法も知らない赤ちゃんが、なぜ母語を使いこなせるようになるのか。発達心理学、認知科学の視点から、思考の道具であることばを獲得するプロセスを描く。

221 たったひとつの「真実」なんてない ——メディアは何を伝えているのか？　森達也

今見ているものは現実の一部で、真実はひとつではない。でもメディアは最初から嘘なのだというのは間違い。大切なことは正しく見、聞き、そして考えること。

224 型で習得！ 中高生からの文章術　樋口裕一

小論文・作文・読書感想文・レポート・自己PR書など、学校や受験で必要なあらゆる種類の文章を簡単に書くコツを「小論文の神様」の異名を持つ著者が伝授。

232 「私」を伝える文章作法　森下育彦

書き言葉には声音や表情や身振りがない。自分らしく、自分の言葉で書くにはどうすればいいのか？ ちょっとした工夫と準備で誰でも身に付く文章作法を紹介！

233 世界が変わるプログラム入門　山本貴光

新しいコンピュータの使い方を発見しよう！ たかが技術と侮るなかれ。プログラムの書き方を学べば世界を変えられるし、世界も違って見えてくる。

ちくまプリマー新書

263
新聞力
――できる人はこう読んでいる
齋藤孝
記事を切り取り、書きこみ、まとめる。身体ごとで読めば社会を生き抜く力、新聞力がついてくる。効果的なメソッドを通して、グローバル時代の教養を身につけよう。

273
人はなぜ物語を求めるのか
千野帽子
人は人生に起こる様々なことに意味付けし物語として認識することなしには生きられません。それはどうしてなのか？　その仕組みは何だろうか？

278
大人を黙らせるインターネットの歩き方
小木曽健
「ネットは危険！」「スマホなんて勉強の邪魔」？　そんなお説教はもうたくさん！　大人も知らない無敵の「ネットの歩き方」――親と先生にはバレずに読もう。

296
高校生のための
ゲームで考える人工知能
三宅陽一郎
山本貴光
今やデジタルゲームに欠かせない人工知能。どうすれば楽しいゲームになるか。その制作方法を通して、人工知能とは何か、知性や生き物らしさとは何かを考える。

299
本質をつかむ聞く力
――ニュースの現場から
松原耕二
真偽不明の情報が溢れる今の時代、都合のいいことだけを声高に言う人やフェイクニュースに惑わされないために、本質を見極め、真実の声を聞くことが大切だ。

ちくまプリマー新書

311
5日で学べて一生使える！
レポート・論文の教科書
小川仁志
こんな入門書がほしかった！　情報の調べ方、本の読み方から人の心をつかむ文章法まで、知りたかったワザがこれ一冊で一気にわかる！　本物の添削レポート付き。

015
お金持ちになれる人
邱永漢
どうしたらお金持ちになれるのか？　それは足元に落ちている一円玉を拾うことからはじまります。景気の動向を見きわめて、貯め、儲け、ふやす極意を伝授。

080
「見えざる手」が経済を動かす
池上彰
市場経済は万能？　会社は誰のもの？　格差問題の解決策は？　経済に関するすべてのギモンに答えます！「見えざる手」で世の中が見えてくる。待望の超入門書。

094
景気ってなんだろう
岩田規久男
景気はなぜ良くなったり悪くなったりするのだろう？アメリカのサブプライムローン問題が、なぜ世界金融危機につながるのか？　景気変動の疑問をわかりやすく解説。

100
経済学はこう考える
根井雅弘
なぜ経済学を学ぶのか？「冷静な頭脳と温かい心」「豊富のなかの貧困」など、経済学者らは様々な名言を残してきた。彼らの苦闘のあとを辿り、経済学の魅力に迫る。

ちくまプリマー新書

ちくまプリマー新書

281
これを知らずに働けますか？
――学生と考える、労働問題ソボクな疑問30
竹信三恵子
「バイトは休暇が取れない？」「どこまで働くと過労死する？」そんな学生の率直な疑問に答えます。仕事選び、賃金、労組、解雇など、働く人を守る基礎知識を大解説！

303
先生は教えてくれない就活のトリセツ
田中研之輔
内定が出る人には理由がある。会ってみたくなるES、インターンの有効活用法、人事担当者がどこをみているかなど、成功するためのメソッドを伝授する。

099
なぜ「大学は出ておきなさい」と言われるのか――キャリアにつながる学び方
浦坂純子
将来のキャリアを意識した受験勉強の仕方、大学の選び方、学び方とは？　就活を有利にするのは留学でも資格でもない！　データから読み解く「大学で何を学ぶか」。

105
あなたの勉強法はどこがいけないのか？
西林克彦
勉強ができない理由を、「能力」のせいにしていませんか？「できる」人の「知識のしくみ」が自分のものになる方法を、認知心理学から、やさしくアドバイスします。

134
教育幻想
――クールティーチャー宣言
菅野仁
学校は「立派な人」ではなく「社会に適応できる人」を育てる場。理想も現実もこと教育となると極端に考えがち。問題を「分けて」考え、「よりマシな」道筋を探る。

chikuma primer shinsho

ちくまプリマー新書 323
中高生《ちゅうこうせい》からの 日本語《にほんご》の歴史《れきし》

二〇一九年三月十日　初版第一刷発行

著者　倉島節尚（くらしま・ときひさ）
装幀　クラフト・エヴィング商會
発行者　喜入冬子
発行所　株式会社筑摩書房
東京都台東区蔵前二‐五‐三　〒一一一‐八七五五
電話番号〇三‐五六八七‐二六〇一（代表）
印刷・製本　株式会社精興社

ISBN978-4-480-68345-8 C0281 Printed in Japan